社会福祉学における人権論

篠原 拓也 著

大学教育出版

は じ め に

　社会福祉学という学問領域はどのように構想できるか。社会福祉学において人権論はどのように構想できるか。本書で検討するテーマはこの２つである。

　これまでの筆者の関心は、社会福祉原論の立場から、学際的な応用学問とされる社会福祉学が他領域の議論を手広く摂取しながらも一個の学問としていかなる共通性をもってきたのかを、ときに各論にあたる研究と対話させつつ考察することにあった。本書では社会福祉学の基礎研究にあたる社会福祉原論において（したがって各論においても）、極めて重要な概念とされてきた人権に着目した。

　実定法レベルの人権は法治国家の作用として法的に私たち国民に影響を与えるが、しかし望ましい理念としての人権は、理念として未来に開かれているものであるから、民主制国家を単位とする以上、統治機構に向けて、また私たち国民自身に向けて、常に柔軟に解釈し問い直すことが許されている。実定法レベルの人権の内容は、国民一人ひとりが考える人間の範囲と人間らしさの観念の反映であり、つまり理念としての人権の実現の度合いの反映である。それは理念の実現を目指していく過程で無限の修正を求められている。その作用を政治現象ないし社会現象として分節してみれば、一つは議会民主制の下での立法において、一つは国民間の何らかの社会的合意において、もう一つは生活する国民一般としての文化において、無限に自己修正されているものである。本書で扱う人権とは、プラグマティックな民主主義の文脈での人権であり、この文脈において社会福祉学における人権論を理解できる。

　近年、特に 2015 年前後に民主主義がキーワードとして社会的に広く問われた頃から、政治現象ないし社会現象として明らかになっているのがまさに民主主義の難点である。すなわち、私たちは、グローバル化の中で共同体の絆が弱まり、消費者として疑似的に自立するほかない不安な個人がむき出しになるところに、情報通信技術によって多数派や強者への擬態を可能にする環境が与え

られ、あらゆる事象を一回的な享楽に変質させ消費していく。制度としての民主制にあって精神としての民主主義を悲観させるに至っている。

　この状況を指して、2015年前後にアカデミズムの内外で反知性主義、ポピュリズム、ポストトゥルースなどの語が流行した。これらは民主制国家における国民の群衆としての側面を強調し、熟議を放棄した印象や感情に基づく単純な決断が民主主義の一つの帰結としてのトレンドとなっていることに警鐘を鳴らすものであるが、これは同時に国民の理性のみならず感情の力が衰退していることも示唆している。

　人権の具体的な内容は、当該の共同体の民主主義の精神による表現であり、その意味で共同体のメンバーの人間観と人間の権利に関する合意の側面をもつ。当該の共同体が民主制を採用する以上、人間とはどこまでを含むのか、人権として保障されるべきものが何であるかさえ常に揺らぎ、ときに破壊的でニヒリスティックなものになりうる。この基本を一層意識しなければならない時代にある。

　本書のテーマの一つである、社会福祉学という学問を理解するためには、社会福祉学という領域を社会福祉領域の研究者、実践者、そのほかの関係者、利用者も含めたさまざまな人々の研究コミュニティとして理解すること、そしてこのコミュニティは「福祉の理念」を共有して行動しており、理念と行動の対話を重視することによって成り立っていると理解する必要がある。その上で、本書のもう一つのテーマである、社会福祉学における人権論の考察に進むことにする。

　第1章ではまず社会福祉学という学問の特徴について概説し、社会福祉学において人権を議論の対象とする意義、また社会福祉学における人権論の系譜と呼べる議論を確認する。その上で人権論の全体像を描くための視点について述べる。

　第2章では社会福祉学における人権論を考察する上での視座となる社会福祉学のあり方について考察する。社会福祉学はそのプログラムを成り立たせる目的として〈福祉の理念〉を観念し、その実現のための手段としてさまざまな制度・政策・サービス体系を観念しているところにその特徴がある。この点を意

識して、従来型の〈実体概念としての社会福祉〉に基づく社会福祉学の構想から〈目的概念としての社会福祉学〉に基づく社会福祉学への転換を図り、人権論への助走とした。

　第3章では社会福祉学における人権概念の多義性に言及した上で、第2章で得た視座から社会福祉学における人権論の系譜と特性を明示した。社会福祉学における人権論は大きく分けて社会保障法学、運動論、福祉思想・福祉哲学の3つである。まずもって社会福祉学における人権の位置は、超実定法レベルの〈福祉の理念としての人権〉にあると見定められる。そこで〈福祉の理念としての人権〉を起点とした、社会保障法学、運動論、福祉思想・福祉哲学を含め、その位置づけを明らかにした人権論の見取り図を与えた。

　第4章では、第3章で与えられた見取り図のうちの理論的空白地帯である〈実体概念としての社会福祉〉の外側の、文化の視点による人権理解について考察した。この領域を担いうる議論が、一番ヶ瀬康子が後期に理論的実践的に開拓を目指した「未完の」福祉文化論である。福祉文化論の可能性、課題、また一番ヶ瀬康子の運動論と福祉文化論の理論的関係性を確認し、社会福祉学における人権論の一つの可能性として人権文化という構想を示した。

　第5章は第4章の議論の掘り下げであり、人権文化の追求の条件として、感情の力と権利の言語の文学性に着目した。福祉文化論が人権論に対してもつ可能性は感情という国民一人ひとりがもつものを人権という権利の言語へと「流入」させ、文学性を伴った解釈と修正を通して再構成に関わっていく姿勢である。

　本書の考察は文献調査によって行った。ただし使用文献には、辞典や、インターネットで閲覧可能な資料等が含まれており、使用文献一覧に記載した。

社会福祉学における人権論

目　次

第 1 章

社会福祉学とその人権論の到達点

　本章ではまず社会福祉学という学問の特徴について述べ（1）、社会福祉学の基礎研究にあたる社会福祉原論（社会福祉理論、社会福祉史、福祉思想・福祉哲学）のパラダイムとしての〈実体概念としての社会福祉〉とその課題について述べる（2）。その上で社会福祉学において人権を議論の対象とする意義を説明し（3）、社会福祉学における人権論の系譜と呼べる議論を確認する（4）。最後に、社会福祉学における人権論の全体像を描くための視点について述べる（5）。

1　社会福祉学の登場とその特徴

　社会福祉学の特徴は何か。さまざまな説明がありうるが、研究と実践の対話、そして基礎研究と応用研究の対話を前提に、他領域の知識を摂取しつつ、当該社会の"最後の一人"をも包摂した全員の幸福追求の諸条件の実現に寄与する知の蓄積と練達を目指す学であるという点で合意可能であろう。特に「……を目指す学」という点が重要である。社会福祉学は目的を共有して成り立つ研究コミュニティである。

　社会福祉学においてはさまざまな歴史的説明がなされる。「学」の登場以前の実践の歴史（実践史や人物伝など、いわゆる社会福祉史）や、これと不可分な思想の継承（思想史）、社会調査や研究の継承（研究史）が混在的に扱われ記述される。無論、社会福祉学は先駆者たちの実践や思想に結びついた学であるため、これらは不可分の関係にある。その中で社会福祉「学」の何たるかを知る

には、その時々の社会的背景を意識しつつ、いかなる事情でこの「学」が登場したのか、何を目的にして構築されてきたのかという点に着目するのがよい。

　社会福祉学の源流はイギリスの社会政策ないし社会事業に関する研究にある。社会政策は Social Policy and Administration を指す。社会事業は Social Work の訳であり、COS（慈善組織協会）とセツルメントを二本柱として発展してきた[1]。

　18 世紀半ばにいち早く産業革命を経験し資本主義を発達させたイギリスにおいては、その社会構造的な必然としての諸問題への対応として社会政策ないし社会事業が登場した。それは T. マルサスの『人口論』における救貧理論に支えられた新救貧法下での劣等処遇原則や慈善事業のあり方の克服という意義があった。大不況後の 1880 代における古典派経済学批判の流れの中、A. トインビーは『イギリス産業革命史』において「慈善を科学化することが現代の大問題である。人々は以前には自己犠牲的な喜捨によって単純かつ直接の慈善的行為をなすだけで、彼らの悼ましく思う悲惨の救済に十分だと考えていた。今ではわれわれは、単に思想だけでなく歴史的研究もまた必要なことを知っている」（Toynbee 1884=1953：129-130）として、今日の社会福祉学に通ずる視座を示している。またブースがロンドン市で行った貧困調査の結果を『ロンドン市民の生活と労働』として報告し、同様にラウントリーもヨーク市で行った貧困調査の結果を『貧困―都会生活の研究』として報告したことで 20 世紀初頭のイギリス救貧行政に貢献した。

　金融政策・財政政策等の経済政策に対置される社会政策は主に労働者階級の生活上の諸問題に対応するものであり、この社会政策の問題解決機能の及ばない領域を社会事業が担っていた。この社会事業が今日の社会福祉の前身である。社会事業が対応する貧困などの諸問題は、個人の道徳の問題としてではなく、またマルサスのいう自然法則でもなく、資本主義社会において構造上の必然として引き起こされる問題であるため、国家的ないし社会的な対応の必要性が確認されてきた。

　すなわち社会事業の実践を拡大し洗練していく一方で、社会改良として国家的ないし社会的な対応の意義を説いていく歴史が地続き的に研究史上の初期段

階であり、その営為が日本の社会福祉学にも継承されたのだった。この点、古川孝順は「社会福祉的事象についての研究は、歴史的に失業や貧困という庶民や下層労働者の生活に関与し、その解決や軽減緩和を図ろうとする強い関心と結びついて始まっている。そして、このような研究のスタンスはこんにちにおいてもそのまま継承され、社会福祉研究の重要な特質の一つとなっている」と述べている（古川 2009：107）。

　社会事業はその発展とともに後継者を養成する必要が生じ、その養成実践が大学教育に吸収されることで「学」としての形がつくられていくようになる。この19世紀後半から20世紀初頭にかけての政策レベル、実践レベルでの研究の機運を今日の社会福祉学の起源とみなすことができる。アメリカでも19世紀後半にCOSとセツルメント運動が展開され、20世紀初頭には今日のソーシャルワーク論ないしケースワーク論の嚆矢となるM.リッチモンドの『社会診断』『ソーシャルケースワークとはなにか』が公刊されている。

　日本においてもこの19世紀後半から20世紀初頭に各地の下層社会の調査報告、欧米の政策の紹介を中心に社会事業論が登場し、大正時代にリッチモンド等の実践理論が紹介されている。また社会政策からの理論としては特に大河内一男の社会事業論が戦後の社会福祉学の政策論の系譜の起点として、多大な影響を与えている。

　ただ今日いうところの「社会福祉学」の登場については、戦後の1954年の日本社会福祉学会の設立がわかりやすい区切りとなろう。

　学会設立時、社会福祉学の何たるかを問う上で関心事となったのは「社会福祉とは何か？」という現象理解的な議論であった。日本国憲法第25条において記述された「社会福祉」であるが、そもそも学会の名称に「社会福祉」を使うか「社会事業」を使うかが議論になるほどに共通理解の得がたいものであった（日本社会福祉学会編 2004）。実際、1960年代までは少なからぬ研究者が「社会事業」という語を用いていた。

　この「社会福祉とは何か？」という問いをめぐって学会設立の時点から1980年代まで続いたのがいわゆる本質論争である。社会福祉学の基礎研究にあたる社会福祉原論は、今日では社会福祉理論、社会福祉史、福祉思想・福祉

哲学の三分野に分けられるが、当時は社会福祉理論と社会福祉原論とはあまり違いがなく、社会福祉理論における「社会福祉とは何か?」という問いはとりもなおさず社会福祉学一般に係る「社会福祉学とは何か?」という問いに通じていた[2)]。

2 実体概念としての社会福祉

社会福祉理論において示された概念上の大きな分類が、竹中勝男や一番ヶ瀬康子によって示された〈目的概念としての社会福祉〉と〈実体概念としての社会福祉〉であった(竹中 1956;一番ヶ瀬 1975)[3)]。〈目的概念としての社会福祉〉とは「社会全体の幸福」など「行為あるいは制度・政策の目的概念として、また形而上的な意味あるいは当為概念」を指し、〈実体概念としての社会福祉〉とは「行為あるいは制度・政策それ自体すなわち現実に存在する実体概念」を指す(一番ヶ瀬 1975:1)。本質論争はこのうち〈実体概念としての社会福祉〉の範疇内での議論であった。社会科学としてであれ、人間科学としてであれ、「慈善の科学化」として科学化を目指すには実体に着目しなければならないと考えられた。

ここでは代表的論者の名前を挙げながら簡潔に言及しておく。

1950 年代から 60 年代中頃においては、大河内一男の社会政策・社会事業理論を批判的に継承し、資本主義社会における労働者問題というマルクス主義的視角から「社会福祉」を捉える孝橋正一らの「政策論」と、アメリカのソーシャルワークに影響を受け、心理学的、社会学的、哲学的な人間関係論を基盤に社会福祉を捉える竹内愛二の「援助論」の対立があった。また「援助論」寄りであるが、諸制度と生活者との間に結ばれる社会関係のうち主体的な側面に着目するのが本質的な社会福祉の捉え方であるという岡村重夫の「固有論」も登場した。

1960 年代後半から 1970 年代にかけては一番ヶ瀬康子らの「運動論」が登場する。これは資本主義社会における国民の権利を保障するための国家的政策として社会福祉を捉えており、社会問題を生活問題に、社会権としての生存権を

「生活権」として読むなどの特徴があった。運動論は生活権が国家責任として規範づけられていることを重視しており、社会保障法学におけるいわゆる「権利としての社会保障」の流れも継承している。

1970年代後半になると政策論系と援助論系の対立を解消する議論として、「政策」概念を相対化しその主体を国家から自治体や民間事業者レベルに落とした三浦文雄の「経営論」が登場する。この後、本質論争といわれる状況は1990年代に再び盛り上がりをみせるものの[4]、2000年代までには社会福祉理論自体とともに下火になっていく。

『戦後日本社会福祉論争』の編者である真田是は「学問の対象としての社会福祉の特徴は、現実に存在する社会福祉とは別の対象を仕立てるというところにあるのではなく、これとのかかわり方、扱い方、接近の仕方における特徴にほかならない」(真田 1979：4)と述べ、〈実体概念としての社会福祉〉に基づかない立場について「現実遊離の観念遊戯」として退けた。こうした前提は今日まで共有されていると思われる。社会福祉学は〈実体概念としての社会福祉〉に主眼をおいている意味で社会福祉理論＝社会福祉原論＝社会福祉研究＝社会福祉学として緩やかに同一性を有しており、それが学会創立以後60年のパラダイムを形成してきた[5]。

〈実体概念としての社会福祉〉を中心に社会福祉原論が構想されるとしても、社会福祉原論は、社会福祉学の共有しうる目的、さまざまな福祉の理念、あるいは福祉的なものの考え方を追究するという意味でもその意義を有している。例えば1980年代には国際障害者年を契機としてノーマライゼーション、共生、参加といった理念が着目され、また国内の障害者運動においても専門職批判の風潮とともに当事者主権、自己決定といった理念が着目された。1990年代以降は新自由主義の波の影響下で当事者主権は消費者意識と結びつき、「措置から契約へ」を理念とするいわゆる社会福祉基礎構造改革、介護保険制度の導入という流れの中でさらに自己決定や自立支援といった理念が強調された。社会福祉原論は「福祉の理念」を扱い、すなわち社会福祉学のアイデンティティに関わる知を扱う点で、今日なお意義を有している。

〈実体概念としての社会福祉〉に依拠することで、社会福祉学という学問の

理解に際して生じる問題がある。今日においても社会福祉学が"discipline"ではなく"field"であるという意味で社会福祉「研究」や社会福祉「論」と呼ばれることがあるのもこの点に関わっている。このことは、法学や社会学が法研究や社会研究と呼ばれないことを考えると、「法―学」や「社会―学」というときの「法」や「社会」という基本概念が、その固有の目的意識、角度、方法からさまざまな事象を捉えるという学問的視座の意味をもっているのに対し、社会福祉学における「社会福祉」という概念は社会政策ないし社会事業としての制度・政策・サービス体系という限定された実体概念を指していたことに関係している。社会福祉学は固有の視座よりもその視線の先の対象物を関心事とすることで、政策学や社会学などの他領域との境界が曖昧になったのである。

さらに社会福祉学の「学」としての位置の理解の困難は、COS やセツルメントという英米の実践を源流とするソーシャルワーク論と日本の社会福祉理論との関係を考えれば尚更である。社会福祉士養成に係る科目名でいうところの「相談援助の理論と方法」（かつては「社会福祉援助技術」と呼ばれていたが、これも「現代社会と福祉」と同様に「社会」が消されたものである）などがソーシャルワーク論に相当するのであろうが、日本のソーシャルワーク論は英語圏の研究を直輸入して独特の領域を形成しており、日本の社会福祉学とは別種の"discipline"ないし"field"であるかのような立ち位置である。そもそもソーシャルワークが"discipline"なのか"field"なのかという議論もあろうが、IFSW（国際ソーシャルワーカー連盟）の"Global Definition of Social Work"においては、ソーシャルワークを一つの学問であるというときに"discipline"の語を用いており、国際的にみれば固有の学という理解でよいのだろう。

社会福祉学とソーシャルワーク論の関係、また社会福祉学の位置理解の困難に対しては、日本の社会福祉学は政策と援助の化合物ならぬ混合物として発展するよりもいっそ分割された方がよいという提案もあった（星野 2002）。しかしそこから 15 年以上たった今日、社会福祉学が全体でソーシャルワーク論は部分とされているか、問うことも億劫になるほど曖昧化されているかのどちら

かであろう。とにかく、立場の違いはあれども、概して日本の社会福祉学における関心事はまずもって〈実体概念としての社会福祉〉にある。

　以上の状況理解の上で、結論を先取りしていうと、応用学問としての社会福祉学には〈目的概念としての社会福祉〉の再評価が必要である。社会福祉学という「学」を考えるとき、これを人間の知の体系であるとともに知をもつ人間の集合と捉えつつ、その上で研究者、実践者、その他の人々が目につく属性で誰がウチで誰がソトかという境界線の引き方で合意するよりも、この村でどのように連帯するのか、なぜ同じ村にいるのかという点で合意することの方が、学際的な応用学問としてのこの学の実態理解に適している。

3　社会福祉学における人権の意義

　一般に人権論とよばれる領域は、①人権のさまざまな形態や文脈を議論すること、②それらの連関を議論することを含んでいる[6]。さらに、特に基礎法学や憲法学においては、③人権概念そのものの哲学的基礎や正当性について規範的な文脈で議論することを含む。また具体的な議論として、④何らかの具体的な事象についてそれが人権問題であると適示したり、問題の発生メカニズムやそれに対応する意味での人権の可能性について考察したりする議論も人権論に含められる。

　これらの考察過程で「人─権」の「人」、つまり人間とは誰か、人権の保有主体は誰かといった、人間をめぐる理解が問われることになる。社会改良を目指す社会福祉学は特定のテーマに結びつけた研究として④を担うことがあるが、この議論に至る手前の整理として①②について押さえておく必要がある。本節ではこの①②に主眼をおいて論じる。

　なお、③の問い、なぜ人権はあるのか、なぜ人権を認めなければならないのかという哲学的な問いについては、その問いが実定法テクストの解釈という学問的第一義に関係している法学においては重要性をもつものの、応用学問としての社会福祉学は社会改良のための理念と実体の両方をもつ人権というアイディアの有用性、必要性という点でその存在価値を認めており、したがってそ

こに疑念を差し挟む必然性があるとは考えない。学問として何らかの哲学的ないし思想的な立場が必要というならば、プラグマティックにその必要性を前提しているのが社会福祉学であるというべきである。

　今日の社会福祉学においていかなる事情から人権論が求められているのか。そもそも「今日の」という条件の有無とは関係なく、伝統的に人権概念を重視し社会改良を目指してきた社会福祉学が自らの人権概念について問うことは常に講学上の必要である。人権の観点から論じる余地のある実際社会の諸々の議論に対し、社会福祉学が自らの立場からアプローチする際、例えばある事象を深刻な人権問題として適示する場合、社会福祉学としての人権とはいかなる概念か、また人権問題に対応し、人権が尊重された社会を目指す際にいかなる回路が想定されているのか、その議論を整理し今後の可能性を問うことが求められているはずである。

　人権の観点から言及される余地のある議論とは単に制度・政策・サービス体系としての〈実体概念としての社会福祉〉に限定されたものではないし、また社会福祉学は常に〈実体概念としての社会福祉〉の枠内で議論を展開してきたわけでもない。つまり社会福祉学はときに〈実体概念としての社会福祉〉という限定された枠を超えて、平和な社会、福祉社会、共生社会などと呼ばれる社会をさまざまな仕方で目指す〈目的概念としての社会福祉〉という視点に立って議論をしているのであって、その場合、社会福祉学は広範な議論をその射程に含んでいる。その議論は、例えば貧困、格差、暴力のような、社会福祉学において言及されやすい典型的なテーマに限定されない。

　〈実体概念としての社会福祉〉の枠内に必ずしも収まらない議論として、今日的なものとして、例えば2012年以降に自民党の憲法改正の議論が活発になり、人権観が論点となるような憲法案が提示されるなどして、憲法学などの領域で人権論が改めて検討されていることが挙げられる。社会福祉学における人権は生存権や幸福追求権を基軸としており、たいていは現行の日本国憲法第25条や第13条などの実定法のテクストに依拠して説明される。したがって憲法改正の議論に対する立場がいかなるものであれ、人権に関する日本国憲法のテクストの変更の可能性に対する関心は不可欠である。

　今日の憲法に対する動向は、人権としての社会福祉を要求する以前の、主権者としての意識や連帯の意識を構成する上で重要であったはずの人権観が揺らいでいるということであり、人権の積極的意義を国民一人ひとりが捉え直すために、社会福祉学としてどのような人権論の構想をもっているのかを検討することは有用である。

　そもそも社会福祉学における人権とは、その名宛人が政府であれ何であれ、国民の何らかの連帯と合意によって保障を図るものとして想定されてきた。筆者はその一つの理論的、思想的な基礎を与えるのが一番ヶ瀬康子の運動論であると考えている。

　社会福祉学は日本国憲法という実定法一つを取り上げても、伝統的にその重要な一文、一語についての解釈を行ってきたのであって、日本国憲法そのものが改正されなくとも、いわば日本国憲法の身体に変化がなくとも、その精神すなわち人権の理念に対する希望をもってその時代その社会の変化に合わせた積極的な解釈に明に暗に関わってきた。社会福祉学は、憲法改正に対してであれ違憲の疑いのある事案に対してであれ、日本国憲法の身体に対する立場、すなわち実定法のテクストの本質的意味の表象とは別に、日本国憲法に体現されたその精神を吟味することをもって積極的かつ柔軟に解釈に関わってきたことを自覚すべきである。それは民主制を選択しているという自覚であり、民主主義の精神の必要の自覚であり、「福祉に関わる全ての人」がその共有するべき理念をもちながらも一人ひとりが自らの解釈と創造の能力をもって人権に関する実定法のテクストの解釈的・創造的な営為に参加できるという、主権者たる国民としての自覚である。

　したがって社会福祉学が想定する人権とは、実定法の確定された解釈のように正しいものを啓蒙するというより、人間の権利としてその共有する善き理念を実践することであり、その暫定的な反映である実定法のテクストを補助としながらも、あくまで国民一人ひとりが人権として保障されるべきものが何なのかを柔軟に意味づけていくものである。

　以上のような見立てをもつ人権論を、今日の社会福祉学は講学上の必要においても実際的な社会改良においても構築する必要がある。

　次に、社会福祉学における人権の系譜を追い、今日の社会福祉学における人権論を考える上でのいくつかの文脈を示すことにする。

4　社会福祉学における人権論の系譜

　社会福祉が温情ではなく権利であるということは戦後社会福祉学において一貫して前提とされてきた。この意味での権利は、人権規定である日本国憲法第25条の生存権の理念性と実体性の両方に結びつけて捉えられてきた。

　生存権の人権としての性格について、その研究としての系譜の源流は、生存権に基づく生活保護法の内容をめぐって争われた朝日訴訟において原告側証人となった小川政亮の主著『権利としての社会保障』（勁草書房、1964年）にある。これは社会福祉理論の政策か援助かという区別でいえば政策論系の源流の一つである。ここから今日の社会福祉学における「権利としての社会福祉」あるいは「権利論」と呼ばれる領域が形成される。小川の議論は訴訟運動などの社会運動を意識したものであり、その理論的特徴は木下秀雄が述べるように社会保障の権利を人権論として展開している点にある（木下 2007）。そこでは政府に施策を迫る「規範づける権利」としての憲法的ないし前憲法的な人権（A）と、具体的に「規範化される権利」である「権利としての社会保障」（B）とが政府と国民の関係のなかで相互作用するものとされる。

　この小川の「権利としての社会保障」論は、一つには社会保障法学の領域における法学的アプローチとして今日まで継続しており、井上英夫、菊池馨実、秋元美世、河野正輝らに継承されている。その法学的、立憲主義的な視点は、温情の権利義務化、私的責任の国家責任化、慈善の社会科学化といった戦後社会福祉学の性向に順接するものである[7]。

　またもう一つの流れとして、小川の議論を社会福祉学の議論として社会福祉原論に摂取した一番ヶ瀬康子や真田是ら運動論の系譜がある。（古川 2009）[8]。一番ヶ瀬康子は人権としての生存権を「生活権」と読み替え、社会福祉を「生活権保障としての社会福祉」と捉える。このとき、法学と比べると人権とそこから導出される諸権利の境界はやや曖昧に捉えられている。こちらも小川の社

会保障法学と同じく訴訟運動などの社会運動が重視され、〈実体概念としての社会福祉〉に関する権利義務や要件効果といった法的諸関係の変容のための活動を含めた社会運動が重視される。

　この 2 つの流れがいかなる社会的、政治的背景をもって重要な議論となってきたかを説明するには、社会福祉学における〈戦前／戦後〉の区別に係る国家観的変化への評価、そしてその象徴としての日本国憲法への評価に着目するのがよい[9]。

　敗戦の経験は日本の軍国主義の終結と封建的社会構造の変革のための画期となったか、少なくともそのはずだった。〈戦前／戦後〉の画期を設ける象徴が日本国憲法であり、それは実定法としてのテクストとそこから生じる法的諸関係という戦後の身体と、国民主権、人権尊重、平和主義という社会構想としての戦後の精神をもっている。目的概念と実体概念の 2 つの意味をもつ社会福祉という概念もまた日本国憲法を通して観念され、第 25 条の生存権によって、戦前の軍事優先、民間社会事業への転嫁、恩恵ではなく公的責任と国民の権利としての社会福祉の観点から追究される。すなわち社会福祉という概念は〈戦前／戦後〉を隔てる理念かつ実体としての日本国憲法という装置によって成立するといっても過言ではない。

　社会福祉学が「権利としての社会福祉」ないしその根底にある「人権としての社会福祉」について日本国憲法を中心として法学的範疇・語彙において語ることには、〈戦前＝反省／戦後＝希望〉の画期を設ける日本国憲法への期待があった。

　福祉三法、特に請求権を加えた 1950 年の改正生活保護法が〈戦後〉を象徴する社会福祉制度であるといわれるのは（真田 2003）、〈戦前／戦後〉を隔てる公的責任に対する権利ある国民からの請求という意味を含んでいる点への評価によるものである。また〈戦後〉の社会保障における象徴的事例として、生活保護法をめぐって争われた朝日訴訟が「人間裁判」と呼ばれて当時の日本社会において関心を集めたことも、人権としての生存権に対して公的責任を真摯に負うか負わないかが、人間としての素朴な感性に問いつつも〈戦後〉の望ましい国家観の何たるかという問いと地続きで観念できるものだったからだ。ま

た朝日訴訟は、日本国憲法に係る訴訟や訴訟運動が単に司法の場において法的性質を明らかにするとか、実際に権利と利益を勝ち取るということとは別に、国民の側が積極的に社会運動を起こすということ自体が、政治や行政のあり方の変革に繋がりうるということを確認できる機会でもあった。そのとき人権とはまさに日本国憲法第12条に「この憲法が国民に保障する自由及び権利は、国民の不断の努力によつて、これを保持しなければならない」とあり、第97条に「この憲法が日本国民に保障する基本的人権は、人類の多年にわたる自由獲得の努力の成果」とあるように、国民の「努力」によって確かなものにしていくべきものとして観念された。

　したがって小川の社会保障法学における人権（A）と権利（B）との相互作用という視点も、法的性質の解明を図ったものに留まらず、〈戦後〉の国家観を体現する日本国憲法への訴えを通して「人権としての社会福祉」の保障が国家責任であると確認する点で市民的政治的意義が大きくあったし、運動論においてもこの点が共有されている。

　しかしながら、国民側の機運や、国民と政府の関係よりも大きなレジームの問題として、戦後の日本とはまさに〈戦後〉の国家観を与えたアメリカの影響を大きく受ける立場にあった。戦後の世界は自由主義陣営対社会主義陣営という構図において日本はアメリカ主導の自由主義陣営の側に取り込まれ、いわゆる冷戦構造において軍事的な側面をもちながら世界戦略の一方のメンバーというポジションにあった。

　この点、社会福祉学においてはまず〈戦後〉の象徴たる日本国憲法の解釈との関係で戦後日本の〈戦前〉的性向が意識された。朝鮮戦争を契機として公然化したいわゆる「逆コース」の動向は〈戦後〉の象徴としての日本国憲法の理念への逆行と解された。戦後の福祉国家的政策を支えた高度経済成長もこの冷戦構造＝日米関係を前提とした国家財政の操作によって政策レベルで成功したものである。1950年代の軍人恩給の復活、生活保護の第一次適正化にみられるように、一方で冷戦構造におけるアメリカに歩調を合わせ、資本の国外投下の土壌を作りつつ、国内的には労働力におけるいわゆるボーダーライン層の生活保護からの締め出しを図ることで国家財政の負担を減らしながら国内の潤沢

な労働力を維持しようとするなど、〈戦後〉の福祉国家追求の構想はそのところどころに〈戦前〉から続く要素が顔をのぞかせており、複雑な展開であった。

　社会福祉学において運動論が台頭した1960年代から1970年代初めの日本は高度経済成長期にあり、〈戦後〉の国家観としての福祉国家、すなわち公的責任で社会福祉を充実させていく国家の成熟を目指し、権利としての社会福祉を実現するための社会福祉運動の視点を重視するものであった。

　この立場から、戦後の社会福祉学における社会福祉と人権の関係は〈戦後＝日本国憲法＝人権＝生存権・幸福追求権⇒権利としての社会福祉〉と定式的に導かれる。

　この関係理解においては、日本国憲法、人権、社会福祉のそれぞれに対する国民の関心や捉え方が、民主制に基づく政治的決定プロセスにおいて問われ、影響力をもっていることになる。運動論は当時の民主制とこれを支える民主主義の精神に期待したのである。

　当時は「逆コース」的動向に加えて地方の過疎化、人口の都市集中、住宅事情や交通事情の悪化、公害、非行、保育サービスを必要とする家庭の増加などさまざまな課題が生じており、労働運動や学生運動、環境運動、消費者運動などの社会運動が活発に起こり、革新自治体が出現し、社会福祉が政治的イシューとして大きな意義をもった。この運動の流れで政府、政治家もこれへの対応として社会福祉政策を進めなければならず、1973年の福祉元年に行き着いた。

　しかしながら1970年代には冷戦構造の負担が経済の停滞と政治体制の不安定化という形で表面化する。ニクソンショック、第1次オイルショックを契機に資本主義陣営は支配方式の転換として、ケインズ主義に代わって反福祉国家というべき新自由主義に方向付けられ、英米においてはサッチャリズムやレーガノミクスと呼ばれる「小さな政府」への流れが生じることになる。日本でも高度経済成長の終焉に伴い、福祉国家に代わる経済・社会システムが求められ、1970年代後半には家族や地域の相互扶助を強調して福祉削減を正当化するいわゆる「日本型福祉社会」論と、1981年の「増税なき財政再建」を掲げた第二臨調によって社会保障関係予算が抑制される方向性が示された。

　この頃、日本型福祉社会論に限らずさまざまな立場から福祉国家への批判が生じることになった。低成長に移行し財源が不足したため従来の福祉水準は維持できないという「財源論」、21 世紀に超高齢社会が訪れて高齢者のための負担が増加する一方で負担を担う働き手が減少するので早期のうちから支出を抑えるべきだとする「超高齢社会論」、社会福祉を公的責任にばかり委ねていくと民間の活力が育たないという「民活論」、社会福祉制度には無駄があり不必要に利用することがあるので単に充実させればよいわけではないという「ただ乗り論」などである。

　また 1980 年代には、朝日訴訟、堀木訴訟を経て、司法における社会福祉に関する憲法・法律の解釈の消極性が確認される。〈戦前／戦後〉の画期の象徴としての日本国憲法に体現され、公的責任・国民の権利性と不可分であったはずの「人権としての社会福祉」や、そこから生起する「権利としての社会福祉」は、身体＝実体としての機能が希薄化し精神＝理念が残されることになった。

　冷戦後の世界における新自由主義、グローバリズム、高度情報化の流れのなかで企業の国際競争力の強化が急務とされると、公的責任としての社会福祉を社会運動で勝ち取るという見立てはいっそう厳しくなる。特に日本では 1990 年代にバブル経済の崩壊のみでなく、冷戦後の世界が経験した最初の国際危機である湾岸戦争を契機とする国際貢献論が議論された。1993 年の臨時行政改革推進審議会（第 3 次行革審）「最終答申」では「国は外交、安全保障を始め国の存立にかかわる課題により重点的に取り組む体制を築く一方、地域の問題は住民の選択と責任の下で地方自治体が主体的に取り組めるようにする必要がある」という方針が示された。

　しかし弱体化した地域社会と家族の相互扶助機能に頼む日本型福祉社会という構想は実態性を欠いており、新たな方向性が求められた。そこで示されたのが 1995 年の社会保障制度審議会勧告「社会保障体制の再構築 ── 安心して暮らせる 21 世紀社会を目指して」（いわゆる 95 年勧告）である。そこでは「みんなのためにみんなでつくり、みんなで支えていくものとして、21 世紀の社会連帯のあかしとしなければならない」として「21 世紀の社会連帯」が強調されている。

　この流れに乗って、「措置から契約へ」をスローガンに介護保険制度の導入、民間事業者の参入など一連の社会福祉基礎構造改革が進められた。その中で社会福祉の対象者は消費者としてのサービス利用者の側面をもった。社会福祉の対象者は確かに権利者としての性格を強化されたようにも思われるが、しかしそれは社会福祉が公的責任としての側面をさらに希薄化させている以上、政府に対する権利者、つまり〈戦後＝日本国憲法＝人権＝生存権・幸福追求権⇒権利としての社会福祉〉という文脈よりも単に私的契約上の消費者的な権利者としての性質を与えられたという意味が強い。つまり公的責任・国民の権利性と結びついた社会構想からいえば、基礎構造改革の流れはただ時代適応的な前進のみでなく、後退の側面をもつとも解せる。

　社会福祉原論としては1980年代から1990年代に三浦文夫の経営論が台頭する。経営論では経済状況の変化、高齢化社会の進展、そして国民の生活状況や生活意識の変化に合わせた社会福祉政策の新たな方向が目指された。それは従来の「政策」の主体を相対化して国から地方自治体や民間事業者レベル、つまりマクロレベルからメゾ・ミクロレベルに落とし、在宅福祉への流れが促され、地域福祉の視点を重視するものであった。

　さらに1987年には福祉専門職の国家資格として社会福祉士と介護福祉士が誕生し、以降の大学教育も資格取得の需要に結びついた教育、地域社会に専門職を送り出すための資格ビジネス的な大学教育へと方向づけられ、教員の研究としてもメゾ・ミクロレベルの実務的関心に寄っていく傾向が生まれた。

　このような状況の中で社会福祉学における人権概念も立憲主義の文脈で人権を議論する政策論＝社会科学的文脈よりも人文学的文脈が強まってくる。例えば嶋田啓一郎の「社会福祉における人権の思想」（1989年）はこの時期の重要論文であり、ここで嶋田は「今は、社会体制のあれかこれかを論ずるだけでは足りない」という時代認識から「敢えてマルクス主義から軽蔑される『ユートピア』という用語」（嶋田 1989：12-13）に着目し、またヒューマニズムの意義を確認しつつ「人間の尊厳」への敬意に基づく人権論を展開している。

　1990年以降、ソ連崩壊に象徴される国際的な政治経済体制の変化、問い直しに直面する中での人文社会科学の混迷も相俟って、社会福祉学は研究方法が

多様化し、細分化された多くの研究成果が蓄積されるようになり、量的にも内容的にも大きな変化が生じることとなった。研究の多様化の反面で社会福祉あるいは社会福祉学そのものの全体像を視野に入れた社会福祉原論への関心が薄れ、グランドセオリーとしてのマルクス主義は社会福祉学者の前提として共有されたものではなくなった。その結果、論争の前提となる研究課題の共有が困難となった。

　今日主に援助論で用いられる概念である「権利擁護」や「アドボカシー」が着目されるようになったのも社会福祉基礎構造改革の時期である。そこで社会保障法学、運動論における主流というべき人権観とは別に意味をもち始めたのが福祉思想・福祉哲学などとよばれる立場での人権観である。

　福祉思想としての人権は、一つの系譜としては観察しづらいが、社会福祉原論の領域に関する議論としてさまざまな論者が自らの仕方で確認してきた人物や実践の中に見いだされる思想であり、そこに社会福祉学に共有しうる人権観が示唆されている。それは社会福祉の、政策や援助などのさまざまな分野や立場を超えて適用可能な人権の思想について論じたものであり、1970年代頃からよくみられた（例えば、谷 1973=2010）。

　これに対し、比較的近年の議論として、1990年代以降に目立ち始めるのが関家新助、加藤博史らの福祉哲学としての人権の議論である。ただ、福祉哲学は哲学というアプローチによる福祉思想の議論と捉えることができ、ともに社会福祉学一般に通用するが概して援助論の系譜に親和的な人文学的な系譜として習合的に捉えることもできると思われる。例えば阿部志郎の『福祉の哲学』（誠信書房、1997年）がそれである。

　福祉思想・福祉哲学は政策論と援助論を超えて社会福祉学一般に関係するノーマライゼーションや自立支援などの〈福祉の理念〉を人権との関係で捉える傾向をもつ。というより、〈福祉の理念〉に重ねて人権を捉える傾向にある。

　今日の社会福祉学では、社会福祉の実践史を人権追求の実践史と読んだり、〈福祉の理念〉と人権とを互換的に捉えたりすることは、ままあることである（近年の著作では、河東田 2009：平松 2009：加藤 2013：永岡 2014：木原 2014）。その特徴を挙げると、反差別や共生、これと同義として用いるノーマ

ライゼーションなどの理念を人権の理念とする文脈であろうか。一番ヶ瀬康子は人権を差別との関係で議論する必要があると述べたが（阿部・秋山・一番ヶ瀬ほか 1989）、後の傾向としてもしばしばこの文脈で語られている（例えば、小倉 1996；松本 2002；加藤 2008）。最近では木原活信が「人権×社会福祉の新しい考えかた」として「社会福祉における人権や人間の尊厳を基調」としたノーマライゼーション、バリアフリー、ソーシャルインクルージョンといった〈福祉の理念〉を挙げている（木原 2014）。

　これらの〈福祉の理念〉は社会福祉学において、政策、援助、経営のどの次元においても、おおよそ共通項的な語彙群であって、その換言であれ別ものであれ、実際には各論者が望ましい人間社会像に関する〈福祉の理念〉を描いている[10]。この〈福祉の理念〉との関係で人権を捉える視点は、社会福祉学一般の人権というものを構想する際に重要な意味をもつ。というのも 1980 年代——とりわけ 1987 年の社会福祉士・介護福祉士という国家資格の登場——を境に、社会福祉学の社会科学的性格や運動的性格は弱まり、人間福祉学、福祉学、福祉文化論といった、社会福祉学からあえて「社会」を外した名称をもつ議論が登場しており、福祉哲学なるものもこの一つであるが、そのような状況の中で福祉思想・福祉哲学という領域が社会福祉学という研究領域に一貫性、一体性を与えうるものとして一応は期待しうるからである。

　ところで、福祉思想・福祉哲学は、ソーシャルワークの価値と倫理を問う部分で、ソーシャルワーク論と接続的である（横山 2002）。しかしながら、ソーシャルワーク論は英語圏の議論と直通であり、政治学や国際人権論などにも広く開かれた独特の領域を形成しており、その人権観はさまざまな次元でさまざまな論点を包含している。

　例えばグローバル化した世界におけるソーシャルワーカーの役割を強調する J. アイフは以下のように述べている。

　　我々が、人間として共通に重要な何かを持っており、我々がひとつの地球に住むひとつの人々であるという共通の人間性についての概念を、我々が受け入れれば、普遍的な価値観についてのコンセンサスを探求することがきわめて重要にな

りします。単一の世界観から解放されて、文化的伝統、宗教の伝統および哲学的な伝統を横切って純粋の対話から出現するソーシャル・ワークの重要な価値基盤を特定することは重要です。私が思うには、これは人権の見方から最も明瞭に特定することができます（アイフ 2001：9）。

　ソーシャルワークは、単なる目先のクライエントの援助に留まらず、文化、宗教、哲学を横断して人間の共通の価値基盤としての人権へのコンセンサスを前提にすることで、グローバル社会においてさまざまな他者と対話を可能にする。また R. スタークはソーシャルワーカーが国際的な関心と関係作りの深化によって相互に学びつつ、人権を単に個人に属するだけでなく他者と競合しているというコンテクストを含めて全体的に捉え、複雑な状況を解きほぐしながら社会に必要な変革を推進する社会開発的な立場におかれているという（Stark 2015=2015）。当然のことながら、ソーシャルワーカーはクライエントの諸権利に配慮しながらケースを担当するだけでなく、社会改良を目指す存在でもある。

　わが国の福祉思想・福祉哲学なる立場が観念する人権は、援助の価値と倫理を問う部分でソーシャルワーク論と接続的なのかもしれないが、ソーシャルワーク論における人権とは概して政治的、社会改良的意味を色濃くもつものであり、「社会」を失ってから声を大きくしたわが国の福祉思想・福祉哲学なる立場のそれとどこまで調和するものか疑問である。端的にいって、ソーシャルワーク論（の本流、使命）における人権は、むしろ政治性や社会改良を意識している点で運動論に近いと考えられる。

　いずれにしても社会福祉学ないしソーシャルワーク論において人権はさまざまな点から語られている。人間や人間社会に関する何らかの信念であり、個別ケースでの援助やソーシャルアクションといった実践場面における理念すなわち行動の指針であり、共有されるべき政治的価値基盤であり、事物の分析上の視点や立場であり、職業倫理的なリストであり、権利義務などの法的諸関係ないしこれを規定する実定法であるという具合で、さまざまな意味をもっている。

5　社会福祉学における人権論を描くために

　以上より、わが国の社会福祉学における人権論の系譜と呼べそうなものとしては、社会保障法学を中心とする法学、運動論、福祉思想・福祉哲学の3つがある。

　公的責任・国民の権利性と不可分な〈戦後＝日本国憲法＝人権＝生存権・幸福追求権⇒権利としての社会福祉〉という図式は、95年勧告から社会福祉基礎構造改革の流れを経て、国民の権利という要素を残しながらも公的責任という要素を希薄化させた。そして今日、「社会権の復権」（吉崎 2014）が求められながら、人権を社会福祉学が共有する〈福祉の理念〉に重ねる援助論寄りの福祉思想・福祉哲学における人権観が前景化してきた。

　そのような今日の状況で、社会福祉学における人権がいかなるプログラムを有するかを把握し、その上で社会福祉学における人権論の全体像を描くにはどうすればよいか。

　まず、人権をめぐって社会福祉学にはさまざまな立場があることを受け止めつつ一定の共通の特質や位置を見定めるべきであろう。それには社会福祉学一般に通ずる〈福祉の理念〉との関係で人権を捉える視点が有効である。そしてその視点を可能にするための社会福祉学そのものの構想として〈目的概念としての社会福祉〉に依拠した社会福祉学という視点が有効である。次章（第2章）でこれを検討する。

　その上で、社会保障法学、運動論、福祉思想・福祉哲学における人権を、社会福祉学そのものの特質を踏まえながら俯瞰的に捉えることにする（第3章）。次に、社会福祉学における人権論が自らのプログラムを実行するにあたって、これまであまり注目されなかった──俯瞰された全体像の中の空白であり、従来のオルタナティヴとしての──人権論の領域に着目し、社会福祉学における人権論の可能性を示すことにしよう（第4・5章）。

注

1) 岡田藤太郎はこのうち Social Policy and Administration の系譜から発見される一般理論を日本の社会福祉学の源流であるとしている（岡田 1995）。実際、日本の社会福祉学は社会政策学の研究者を中心に、マルクス経済学を武器として理論が構築されていった。孝橋理論か竹内理論か、政策論か援助論かというとき、「社会」を名乗る学問の理論として有力だったのは政策論の側である。しかし今日では地域福祉化、専門職化の流れの中で援助論が有力な状況になっている。

2) 社会福祉原論に関して「社会福祉学原論」と呼ばれるものもあるようである（例えば、中村 2010；小田 2008；中垣 2004）。しかしその内容は概ね社会福祉原論と同じである。

3) この〈目的概念としての社会福祉〉と〈実体概念としての社会福祉〉の対照を〈広義の社会福祉〉と〈狭義の社会福祉〉と表現することもある（上村 2017）。

4) 1990 年代の再ブームの背景には、高齢者福祉を中心とする制度・政策・サービスの拡大、在宅福祉の三本柱たるホームヘルプ、ショートステイ、デイサービスに対する社会的関心の拡大、1987 年に成立した社会福祉士・介護福祉士制度の影響があるとされる（古川 1994）。

5) 社会福祉学における「理論」について、今日の日本社会福祉学会の研究領域の分類（「一般社団法人日本社会福祉学会 入会のご案内」参照）では「社会福祉理論」とは別に「社会福祉政策」の内部に位置づけられる「理論」がある。前者は「援助」の要素を視野に含むのに対し、後者は純粋に政策学的な文脈で捉えておけばよいのか、難しいところである。松井二郎は社会福祉理論を「社会福祉制度の歴史的生成・変動過程を広く社会の構造諸領域に関連づけて分析するとともに、社会の構造的脈絡の中で社会福祉制度が果たしている諸機能を分析することを主に任務とする研究領域」とする（松井 1992：i）。この見方では社会福祉理論と社会福祉政策内部の理論は一応の連続性をもっている。いずれにせよ社会福祉を〈実体概念としての社会福祉〉として捉えており、「理論」とはもっぱら制度・政策・サービス体系上の現象に主眼をおくものである。

6) 人権論の構成については樋口（1996）を参考にした。

7) 社会福祉学の文献、特に概説書の類では「社会福祉法制」や「社会福祉と法」などの表題で憲法学など法学的な人権の概説に終始する記事がみられる（例えば、小笠原 1985；渡辺 1992）。また社会福祉学系の辞典においても「人権」や「基本的人権」の説明は法学者や法専門職が担当することも少なくない（例えば、山縣文治・柏女霊峰編集代表（2010）『社会福祉用語辞典：福祉新時代の新しいスタンダード〔第 8 版〕』ミネルヴァ書房、日本精神保健福祉学会監修（2004）『精神保健福祉用語辞典』中央法規出版、2004）。

8) しかし「運動論」や「人権論」といった用語の整理が必ずしも学界で統一されているとはいえない点に注意が必要である。例えば田代国次郎は「運動論」と「人権論」とを分けているが、その「運動論」においては、ソーシャルアクションを重視する立場として糸賀一雄や嶋田啓一郎などの名前が挙げられている。これに対し「人権論」は日本国憲法の条文と語彙

に依拠した人権保障として社会福祉を捉える立場とされる（田代 2012）。

9)　〈戦前／戦後〉に関する本節の以降の説明は、社会保障法学の系譜、運動論の系譜の代表的
　　論者の著作（小川 1982 ；真田 2003；宮田 2012）を参照した。

10)　例えば「ノーマライゼーション」という理念ひとつをとってもその具体的な意味は論者に
　　よって解釈や記述の仕方は異なるだろう。「QOL」や「自己実現」などはさらに高度に抽象
　　的である。〈福祉の理念〉とは実際の言語使用においては具体的場面に当てはめながら、各
　　論者、各実践者が何らかの別の言語に置きなおして意味をもつ性質のものであろう。

第 2 章
社会福祉学の目的

　社会福祉学における人権論とはいかなるものか。今日の社会福祉学において人権が尊重される社会の創造とはどのように構想されるか。その考察にあたって、前章では社会福祉学一般に通ずる〈福祉の理念〉との関係で人権を捉える視点に着目するのがよいと述べた。

　本章ではそれを可能にするための社会福祉学そのものの視座について検討する。まず、目的手段関係への自覚の必要性を述べ (1)、〈目的概念としての社会福祉〉と〈実体概念としての社会福祉〉の再整理を行う (2)。その上で社会福祉学のプラグマティックな性向を確認し (3-5)、〈実体概念としての社会福祉〉に依拠する議論を参照しながら〈目的概念としての社会福祉〉に依拠する議論に接続して述べる (6-8)。最後に社会福祉学における人権観に関して課題意識を述べ、次章の人権論への助走とする (9)。

1　目的手段関係の自覚

　社会福祉という概念を捉えるにあたって最も基本的で古典的な二分法が〈目的概念としての社会福祉〉と〈実体概念としての社会福祉〉である。このうち社会福祉理論ではまずもって〈実体概念としての社会福祉〉の理解が焦点となり、〈目的概念としての社会福祉〉はこれに内在する理念として扱われるか、思想的背景として二次的、周縁的な位置におかれてきた。

　しかしながら近年、社会福祉原論の研究者たちから〈実体概念としての社会福祉〉に基づく社会福祉学の課題が示唆されているように思われる。

　社会福祉学の近年の傾向について、社会福祉理論研究者の古川孝順は「高次に専門的ではあるが、しかし重箱の隅を探るような論考が増加してきているように思える」（古川 2012a：5）と評している。これを加藤博史の言葉でいうと「タクティクス次元」に没入する「ゲーム脳」的状況に陥っている（加藤 2011）。加藤は福祉の原理を4つに類型化し、その最も個別具体的で実践的な形態として「タクティクス（目標攻略術）次元」があるとする。この次元では「個別ニーズの気づきや把握の支援と個別ニーズに合わせたサービス提供、サービスの効率的提供、サービスの開発、サービスを含めた社会資源の開発と動員、サービス利用者の満足度の向上、など」（加藤 2011：9）が主題である。現代の日本は社会そのものが共感や思いやり、友情や愛情の醸成とは別種のタクティクスを自己目的化して追求し攻略する「ゲーム脳」に陥っているというのである。

　今日の社会福祉学が目先のゲームに勤しんでいるというのは、社会福祉原論の研究者においてそれなりに共有されている感覚であろう。圷洋一は社会福祉学の傾向への批判ではなく社会福祉学の魅力は他にもあるという穏当な仕方で以下のように述べている。

　　　こんにちの社会福祉学は、「福祉システムの実践的な研究を主題とする学問」として、福祉システム上で展開される「ゲーム」（必要充足・資源提供ゲーム）をいかに効果的にプレイするかという問題に関心を集中させています。そこに魅力を見出す人も決して少なくないはずです。しかしながら、社会福祉学の魅力は、そうしたゲームの攻略方法や、優れた「プレイヤー」になるための提供することにとどまらず、その背後に控えている深層レベルの仕掛け（社会構造、社会意識、文化的コード〔規範〕）等にまで切り込んで、個々のプログラムのみならず、それらを駆動させている OS すらも書き換えようとする「ハッカー」的な創造性を触発するところに見出せると考えます（圷 2016：231）。

　理念の政治的実現や社会改良といった大きな目標ではなく、これに対する手段としての攻略術に焦点化することが「ゲーム脳」であるとすれば、近年の社会福祉学は確かに目先の「重箱の隅」に対する現象理解とハウツー構築に勤しんでいる「ゲーム脳」に陥っている。研究者も実践者も既存の枠組みの中で調

査というタスクをこなすことを期待されるゲームのプレイヤーとして、ある制
度の、ある対象者の、あるサービス体系の、ある実践場面の具体的な何かを想
定して、その課題に焦点化するという近視眼的な構えが求められているし、社
会福祉学はむしろそれを積極的に選択しているようにみえる。

　この傾向の背景には、近年の「役に立つ研究」への誘導があるという声も
あるかもしれないが、社会福祉学の場合はそうではなく、決定的だったのは
1987 年の社会福祉士・介護福祉士の国家資格化だろう。これにより社会福祉
学は大学の専門学校化を自ら選択し、国家資格の合格率に一喜一憂し、学生の
実習・就職を通した現場依存を強め、即戦力を地域の現場に送り出すのための
カリキュラム編成と現場実践者からの教員採用を行い、研究者はインストラク
ターとしての性格を強めた。その結果として近年の研究者が目先の「重箱の
隅」に対する現象理解とハウツー構築に勤しむ「ゲーム脳」に陥ることは必然
である。

　今日の社会福祉学においてよくみられる研究の方法およびプロセスは以下
である。

①　社会福祉専門職の実務的関心から、暗に不明晰な理念に基づく価値判断
　　や当為的な認識に基づいて、実務的課題についての問題認識を表明する。
②　実務に関する現象理解的で仮説形成的な研究課題を設定する。
③　アンケートやインタビュー等、特定の現場の一部の人々、一つの側面を
　　対象とした、量的・質的などといわれる調査・分析方法を選択する。
④　調査を実施し、仮説を獲得する。
⑤　実務的関心から、不明晰な理念に基づく価値判断や当為的な認識によっ
　　て考察し、実務的課題についての今後の課題を表明する。

このうち少なくとも①と⑤には課題がある。

　ある事象を明らかにしなければならない「問題」、あるいは言及しなければ
ならない「問題」であるというとき、なぜそれが問題なのか、それへの関与・
介入がどのようにして社会福祉の目的に資するのかについて明らかでない場合

が少なくない。またその研究が他領域の視点からなされる場合とどう異なるのかも明らかでないことも少なくない。というより、何のために（目的）どうするべきか（手段）という主張や提案、またその研究によって何が実現されるのか、どのような研究上あるいは実践上の展望が開けるのかさえも読み取れない研究も少なくない。

　それらしく構造化された現象理解・仮説形成のメソッドを用いれば科学らしい体裁がとれるということだろうか。しかしそれならば、科学的な現象理解においてより厳格な方法論をもつ社会学や社会政策学で十分であり、福祉社会学者や社会政策学者がいればよいのであって、学校運営としてはともかくアカデミズムとしては、現場と親密に交流するだけの社会福祉学者は必要ない。むしろ「重箱の隅」の議論で終えてしまい、「ゲーム脳」の「プレイヤー」のままでいる研究者の気質や意欲の欠落は、学校教員としては有用でも、学問としての停滞や退屈さ、統治権力や自ら身を置く村社会への迎合を招く意味で危険ですらある。

　そのような傾向の原因は、その学問がいかなるプログラムであるかよりも科学らしい体裁をとることの方を優位に置いているからではないか。つまり社会福祉プロパーの見方が反映されるが科学らしい体裁をとれないよりも、他領域と代替可能であるが科学らしい体裁がとれそうなほうに力点を置いているのではないか。もっとも、今日の社会福祉学における研究の多くが社会構造や政治現象といった「社会」を理解する意思が希薄になっている点で自ら社会科学としての役割から撤退しつつあることには自覚が必要である。

　以上のような理解を示せば、社会福祉学のある種の無力、後退、未熟、そしてポリティカルな側面に言及するものであり、負の側面に言及するものと思われるだろう。しかしこうした傾向のすべてが問題ではない。ミクロで実践的な研究そのものが無用であるというわけではない。その種の研究者は、自らの理念、目的という原点に返ることが不得手なのだ。

　社会福祉学は応用学問であるから、その共通の目的を意識せざるをえない。自らの愛着のある現場の実践に関する調査ゲームをクリアすることが社会福祉学をするということではない。調査の先に何があるのか、というより、調査の

前に何があったのか、その目的意識やそれを支える価値を、自明視するフリをして忘却してはならないはずだ。

　社会福祉学を学際的な領域として認めつつ、その中で何らかの特性をもった応用学問であるとすれば〈目的概念としての社会福祉〉のために諸学が結集し〈実体概念としての社会福祉〉において研究を蓄積させてきた学問と考えることができる。今日の社会福祉学の特性を捉えるには、なぜ諸学の研究者が社会福祉学という一個の学問に参入しているのか、そもそもなぜ Social Policy and Administration と Social Work のように異なる立場の人々の集合から始まったのかを考えるとよい。〈実体概念としての社会福祉〉の内的性質に着目するより、研究者の集合、研究コミュニティというべき、研究対象の外側に着目するとよい。

　諸学の研究者は社会福祉学という看板で何をするのか。それは、異なる立場でありながら〈目的概念としての社会福祉〉を実現するという目標のためにこの実際社会においてうまく働くであろう〈実体概念としての社会福祉〉を追究し、案を示すことである。

　しかしそのためには〈実体概念としての社会福祉〉が手段的な事柄でありながらそれ自体を目的であるかのように感じて扱う「手段の目的化」が克服されなければならない。応用学問としての社会福祉学は、はじめから応用学問であることに開き直って作業をこなすゲームのプレイヤーに終始してよいのではなく、逆に応用学問であるからこそ柔軟な学問を目指し「手段の目的化」から脱却しなければならない。

2　社会福祉の古典的二文法の再整理

　「手段の目的化」の克服に対して考察するにあたって、今一度〈目的概念としての社会福祉〉と〈実体概念としての社会福祉〉の関係を確認する。

　この両者は「すべての活動・制度・政策などが共通の目的とすべき理想的な状態」とその「目的達成のための現実的な手だて」（和田 2014：19）といわれるように、目的と手段の関係である。それを自覚して捉える場合、この二つの

概念の意味は以下のように書き直せる。

〈目的概念としての社会福祉〉

　当該社会の“最後の一人”をも包摂した全員の各々の幸福追求のための諸条件の実現と維持を目指すこと、またそれにあたって理念として言語化するところの語彙の総体

〈実体概念としての社会福祉〉

　〈目的概念としての社会福祉〉を達成するための方策としての制度・政策・サービス体系といった実体ないしその範疇における援助等の実体的営為、またそれらが実際にもたらす性質や機能

　〈目的概念としての社会福祉〉について、“最後の一人”というと牧野英一の『最後の一人の生存権』（あるいは牧野の参照元になっているラスキンや新約聖書）が想起されるが、最近では中村剛が社会福祉の概念について与えた説明でもあり、ここでは中村の一般的な表現を参考にしている。「福祉」とは「心地よい暮らし」「幸せを感じられる諸条件」であり、「社会福祉」は「“最後の一人”の福祉の実現を目指すこと」（中村 2011：124）である。この説明は「福祉」と「社会福祉」の基本的説明として的を射ている[1]。

　「社会福祉とは……目指すこと」という主述関係にこだわることには意味がある。例えば加藤博史は社会福祉の当為概念としての定義を「社会福祉とは……（中略）……政策・サービス・活動・運動をいう」（加藤 2011：10）と記述している。加藤は「福祉」と「社会福祉」を切り分け、社会福祉を〈実体概念としての社会福祉〉とした上でその根源にあるものを考察するという福祉哲学の方向性を示唆しているが、社会福祉原論としては実現されるべき目的＝理念を起点にして手段＝実体に向かうべきである。岡崎祐司がいうように今日の社会福祉学は社会福祉の定義を重点とするよりも「『これを外してはならない、これを中心にすえなければならない、この道から逸脱してはならない』という社会福祉の根幹にあるもの、つまり理念、本質、原理」（岡崎 2005：120）が

重要である（ここでいう「本質」とは〈実体概念としての社会福祉〉に内在する固有の性質や機能のことではなく、〈目的概念としての社会福祉〉とその系としての〈福祉の理念〉である）。

〈目的概念としての社会福祉〉を追求すること、つまり当該社会の全員の各々の幸福追求のための諸条件の実現と維持を目指すこととは、換言すれば〈福祉の理念〉の実現を目指すことである。〈福祉の理念〉は社会福祉領域の研究者や実践者らの信念を表す諸観念であり、またそれを分析した諸観念である。

以下に社会福祉学において〈福祉の理念〉とされてきたものを示す[2]。

〈福祉の理念1〉
人間の尊厳

〈福祉の理念2〉
人権＝生存権・幸福追求権

〈福祉の理念3〉
QOL／自由／平等／反差別／共生／社会正義／ノーマライゼーション／バリアフリー／ユニバーサルデザイン／参加／当事者主権／エンパワメント／自立支援／ソーシャルインクルージョン　など

〈理念1〉は〈理念2＝人権〉と関係を結ぶ最も重要な価値である。〈理念2〉の語彙は〈理念1〉を政治的社会的に保障するための語彙であり、〈理念1〉の実現、すなわち人間の尊厳の保障を目指して、憲法や国際人権法などの権利の言語に託されたものが人権の語彙である。そして〈理念2〉の理解のための、社会福祉学者において分析・分節化された語彙群が〈理念3〉である。それらは各々が〈理念1〉〈理念2〉について、理想的な社会像の一つの側面を表現するものとして換言した語彙であり、政治的社会的な合意をめざすための手掛かりとなる理念である。〈理念3〉の語彙は各々が重要な意味を持ち、ある対象の人権保障の状況の分析視角や評価規準となる。無論これらはいずれも望まし

い理念のことであり、いわゆる「劣等処遇」や同化主義的な意味での「ノーマライゼーション」などはこれに含まれない。それはとりもなおさず、それらが人権のアイディアに適合しないことを意味する。

〈理念3〉は優劣整序を欠いた列挙であるが、これまでも〈福祉の理念〉を説明する際には概念が列挙され並置されてきた。ただ星野貞一郎が「社会福祉の価値は……人間の尊厳性、基本的人権の擁護、自立の支援等がある。このような価値によって支えられている社会福祉のきまりが社会福祉の原理であり理念である」（星野 1998：122）と述べつつ、一方で人権およびこれに内在するとされる人間の尊厳が「最高の福祉価値であり福祉理念」（星野 1998：112）であると述べているように、〈理念1〉から〈理念3〉が連続したものとして説明されながら一定程度区別されてきたことは社会福祉学に共通する理解である。

ところで、これまでの筆者の引用文に関してもいえることであるが、社会福祉学は「思想」「原理」「価値」「理念」といった語をあまり厳格に整理せずに用いてきた。今日でも「目的概念としての社会福祉は、社会福祉が何を目指すのかという、社会福祉の目的、理念、思想、価値を表すものである」（川田 2013：87）という具合で並列して述べられる。人権はおそらく「思想」「原理」「価値」「理念」「目的」などのすべてに相当する。社会福祉学にとってそれ自体大切だとされる観念は、すなわち「思想」であり「原理」であり「価値」であり「理念」であり「目的」であるとされる。

とはいえ、筆者にはこのようなファジーな用語法を批判し、厳格に定義し識別する必然性もないように思われる。これらの語は、いかに観念上で異なる内容に切り分けて整理しえたとしても、結局のところ社会福祉学にとってそれらの意義とは、社会福祉学者や現場実践者の思考や行為のあり方を導いている材料群に過ぎないからである。しばしば社会福祉学は value-based な学問であるといわれるが、それは thought-based でも principle-based でも ideal-based でも相違ない。この点 value に関する以下の H. パールマンの文は「価値」のみならず他の語彙を理解する上でもよい指標となる。

　　ある価値は、信念から行為に、言語的肯定から行為へと移行されるとき、ある

いは移行可能であるときを除いては、少しの値打ちしかない。ある価値—ここでは大切にされた信念として、感情的にも好まれており、ぜひ欲しいものと定義される—は、ある考えや確信から、行動のいくらかの形式、質、あるいは方針へと変形され得ないならば、少しの値打ちしかない。ある価値の力は、行為のための統制と導きのなかにある（Perlman 1976：381-382）。

「思想」「原理」「価値」「理念」「目的」といった語彙は、政策的な評価や提言を行うにせよ、援助場面での判断や行動に移すにせよ、そのような行為を導く観念であるという意味で同一性を有している。

その上で筆者は目的的な捉え方が反映されていると期待できる〈福祉の理念〉という語を用いている。

3 社会福祉学のプラグマティックな性向

〈目的概念としての社会福祉〉に基づく社会福祉学という発想には、この学問の特質、そしてその特質を理解する上でこれに関わる人々の性向を押さえるという点で、重要な意義がある。

社会福祉学者は、導出された知識がいかに目的達成的あるいは理念実現的に有益かというところに学問的な解を求めてきたはずだ。ある知識が例えば歴史学、社会学、経済学、あるいは宗教学的な観点からみて賞賛に値するものであっても、必ずしも社会福祉学的な正解の資格が得られるわけではない。三島亜紀子が「常識を疑うことが社会学の特徴の1つとされることがあるが、社会福祉学には疑うべきではない聖域がある」「……こうした研究は評価されない。いくら面白い研究であっても、社会福祉学者にとって重要なのは、そこから先だ」（三島 2010：311-314）と述べるように、社会福祉学においては独自の精神や格率がある。すなわち社会福祉学は〈目的概念としての社会福祉〉の実現において〈実体概念としての社会福祉〉に関する知識としてうまく働くかどうか、あるいはどのように働くのかについて審査項目を設けている。

つまり社会福祉学という学問の構想の根底には、他の応用学問と同様にプラグマティズムの精神がある。それは単に社会福祉専門職などの実践者にとって

実用的であるなどという意味におさまるものではなく、変化していく社会環境に応用学問がいかに柔軟に対処していくかという大きな課題に関わっている。

　しかしながら、例えば真田是が「〔社会科学的な〕論理思考が弱いと、世俗的常識の判断に留まり、これは世俗化されたプラグマティズムのいい餌食になって、利便主義・ご都合主義に巻き込まれてしまう」（真田 2003：5、括弧内は引用者による補足）と述べるように、プラグマティズムは「世俗化されたプラグマティズム」の陳腐さのきらいからか、社会福祉原論としては内面化を意識してきたとはいい難い。

　この点、プラグマティズムを社会福祉援助技術との関係において考えると、特に J. デューイの業績は E. リンデマンのコミュニティ・オーガニゼーションやパールマンの問題解決アプローチ、またグループワークやスーパービジョンなどの議論にも影響を与えている（Perlman 1957；Kohs 1966=1989；Reid 1981=1992；岩間 1994）。またデューイの影響を強く受けたショーンの「反省的実践家」（Schön 1983=2001）という専門職像は注目を集めている。

　ただデューイの議論を社会福祉実践に活かすというとき、W. ジェイムズに連なる思想・精神的な文脈というよりはデューイ独特の職業哲学者あるいは教育学者としての「理論」的な業績を継受している。実際日本の研究者も実践モデルにおけるデューイを理論的基盤を与えた研究者として認識してきたようである（例えば、仲村 1962；森井 1992；戸塚 2005）。その理論性とは、本質主義ないし客観主義的な関心を含んだ人間科学的なもののようにみえる。

　プラグマティズムの基本テーゼは「われわれの感覚や行動に対して実際的な影響を与えるということを標準として概念の意味を考えようとする」（岩崎 1958：14）ことにある。これはもちろん概念の意味を明晰にすることのみを議論するものではない[3]。日本においてプラグマティズムはそれほどの盛り上がりをみせてこなかったが、近年、哲学者以外の研究者も含めて注目されている[4]。この傾向は、プラグマティズムを一個の哲学体系として理論的に継受するよりも、応用的関心から思想・精神的エッセンスとして摂取していることによる[5]。

　日本ではかねてより職業哲学者の範疇・語彙に局限された議論とは別種の

「世界観・人生観としてのプラグマティズム」（山崎 1956：60）という理解はあったし、今日でもプラグマティズムは古典プラグマティズムからR. ローティのネオ・プラグマティズムを一つの到達点とする「希望の思想」（大賀 2015）といわれ、各論者の各理論として微細に捉えるよりも一つの大きな思想運動として捉えることが勧められている（植木 2014）。今日の日本のプラグマティズムはそのような大きな思想・精神としての側面において重要視されており、それゆえにその着想を与えた古典において評価されている[6]。

　筆者がここでプラグマティズムに言及しながら社会福祉学について論じるとき、近年の社会福祉原論の衰退、援助論の隆盛もあって、読み手はこれを一つのマイナーな方法によってプラグマティズムの観点から社会福祉を捉えているなどとして矮小化したくなるかもしれないが、そうではない。ここでの議論は広くは応用学問に、そしてその一つである社会福祉学に共通する性向を言語化したものであり、単に一つの側面を一つの視点からみたと各論的に解すべきものではない。

　一個の学問としての社会福祉学そのものの性向に関係する意味でのプラグマティズムについて、木原活信によるプラグマティズムへの言及の仕方が着目される。木原はジェイムズ、デューイらプラグマティストがJ. アダムズと交流関係があり「ドイツ流の観念哲学への反抗者、『哲学の非哲学化』（鶴見俊輔）を推し進め、現実と日常性のなかにリアリティを求めたプラグマティスト哲学者が認めた『まことのプラグマティスト』とは、実は社会事業家であり今日のソーシャルワーカーの元祖でもあるアダムズその人であった」（木原 1998：221）と述べている。そこで、実際の人間の生活ないし生そのものから離れて抽象化された哲学や科学に対する歯止めや再考の意義をアダムズの交流から示唆している。

　ここで木原が鶴見俊輔を引いて言及していることは重要である。アメリカソーシャルワークの基盤にあるとされるプラグマティズムは科学主義や実証主義の文脈で紹介されることもあるが（例えば、Reamer 1993）、今日の日本におけるプラグマティズムの一つの関心事は、木原の引用する鶴見の著書『アメリカ哲学』における強調点である「非哲学化」という思想・精神的な文脈を

もっているからである。

　鶴見は職業哲学者による晦渋で空疎な哲学から庶民個々人の人生の思惟としての哲学の取り戻しを押し広げていく可能性を持つプラグマティズムに期待しつつ、「プラグマティズムをまた一つの哲学体系として宣伝することは、すでに『汗牛充棟』のわが哲学界の現状を、さらに悪化させるだけであろう」（鶴見 1971：151）と指摘する。この非哲学あるいは反哲学たるプラグマティズムを与えたのがジェイムズであり、鶴見はジェイムズを好んで参照し、例えば、俗語的表現を哲学に用いていく傾向を生んだことをジェイムズの一つの「業績」であると述べている（鶴見 1971：200）。

　そして今日、同様にプラグマティズムを哲学的ではなく思想・精神の文脈で摂取し、再評価しているのが、プラグマティズムを「閉塞感を打ち破る思考」として紹介する工学者の藤井聡である。藤井は著書『プラグマティズムの作法　── 閉塞感を打ち破る思考の習慣』（技術評論社、2012 年）において今日の日本のアカデミズム、特に応用学問で「目的の転移」が生じ、閉塞感が生まれていることを指摘した上で、それを打開するためにプラグマティズム思想の「効能」としての「プラグマティズム転換」を行い、応用学問の本来的目的に適うクリエイティヴな学問を目指す道を示している。

　藤井の提案は応用学問である社会福祉学の諸研究においても示唆するところが大きい。そこで次に藤井の「プラグマティズム転換」論を概説し、社会福祉学に対する提言に繋げるための下地を作る。

4　プラグマティズム転換論

　藤井の「プラグマティズム転換」論の意義は、プラグマティズムの「思想的な」「効能」として「目的の転移からの脱却」を挙げた上で、その「作法」を提示しているところにある。その「作法」の要点は非常に簡明であり、「何事に取り組むにしても、その取り組みにはいったいどういう目的があるのかをいつも見失わないようにする」（藤井 2012：134）ことである。要するに目的手段関係をはっきりと自覚することである。

　「目的の転移」とは、次の図1に示すように、ある学問の目的に対する手段的な方策として構築される研究領域が、体系化を進めた結果、丸で囲った箇所のように上位にあるはずの目的のみでなくその手段的な領域もまた目的化するために、上位の目的意識がぼやけて、視野狭窄に陥ることである（無論、藤井も述べているように実際の学問体系は必ずしも図1のような形態をとるわけではなく、図はあくまで理念的なモデルである）。

　プラグマティズムの思想的な「効能」とされるのは、ある思考がどのように人間の感覚や行為といった実際的で結果的なところに変化をもたらすのかを問うことで、その思考があくまで何らかの「手段」であることに自覚的になることであり、場合によってはその思考が寄与する上位目的もまた何らかの手段であることに自覚的になるところにある。

　ただ、このとき藤井はプラグマティズムの創始者であるパースにおける「プラグマティズムの格率」〔Pragmatic Maxim〕を起点として、以降のプラグマティズム運動にみられる精神をそのように理解しているものと思われるが、いささか説明省略的であり、社会福祉学など他の学問に移植することには一定の手続きを要すると思われる[7]。そこで、古典プラグマティズムからローティに続く思想・精神的エッセンスを参照しつつ、藤井の「プラグマティズム転換」論への道筋を示すことにする。

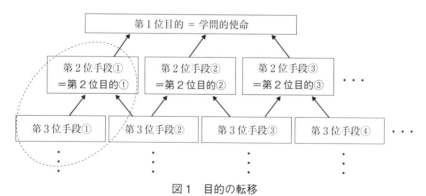

図1　目的の転移
藤井聡（2012）『プラグマティズムの作法・閉塞感を打ち破る思考の習慣』
（技術評論社）28頁及び50頁をもとに筆者が作成

　古典プラグマティズムの理解において必ずといっていいほど参照されるのが、C. パースの「プラグマティズムの格率」である。

　　我々が持つ概念の対象が、何らかの効果〔effects〕を及ぼすと我々が考え、しかもその効果が行動〔practical bearings〕に対して影響を及ぼし得ると想定されるなら、それはいかなる効果であるかを吟味せよ。そうすると、この吟味によって得られる、こうした効果について我々が持つ概念こそ、当の概念について我々が持つ概念のすべてをなしている（Peirce 1878a, para 402、括弧内は原文の表現を引用者が記載、以降同様）。

　パースの「プラグマティズムの格率」は、実験科学や論理学の領域において「観念を明晰にする」という意図があった。そこには簡単に明晰にできるはずの（本来は枝葉末節のはずの）事柄を延々と議論してきた形而上学の営みに対する批判の意図もあった。この格率は「もし……なら……せよ」という I. カントの仮言命法から着想を得ている。つまり対象を単に「効果」に着目して捉える一方で、ある目的を達成する過程の実際的な働きに着目して捉えるという文脈もある。

　プラグマティズムにおける思考のプロセスとは、行動に迷いの起こっていない状況である自明の「習慣」を揺るがす「疑念」〔doubt〕が生じたとき、それを解決する「信念」〔belief〕が生じさせることで「習慣」を再構成し、どのように行動するべきかの決心がついている状況をもたらす一連の過程で捉えられる。そこでは「真」や「偽」について思考することは「信念」と「疑念」について思考することとして読み替えられる（Peirce 1878b）。パースは「信念」の形成について、いくつかの方法のうち、普遍性の獲得を目指す「科学の方法」を推奨した（Pierce 1877）。

　これに対し、プラグマティズムを一躍有名にし、思想運動化させたジェイムズは「信念」の形成をいっそう個人的で特殊なものとして捉えている。「プラグマティズムの格率」についてのジェイムズの説明を以下に記述する。

　　ある対象に関する我々の思考を完全に明晰にするためには、その対象からどのくらいの実際的な結果がもたらされるか—そしてその対象から我々はいかなる

感覚〔sensations〕を期待できるか──いかなる反応〔reaction〕を我々は覚悟しなければならないか、ということをよく考えてみさえすればよい。これらの結果がすぐに生じるものであろうと後に生じるものであろうと、これらの結果について我々が持つ概念こそ、その概念が積極的な意義〔positive significance〕を持つ限り、その対象についての我々の概念の全体である。以上がパースの原理であり、プラグマティズムの原理である。(James 1922：46-47)

ジェイムズは sensations や reaction、また positive significance などの意味を含めてパースの「プラグマティズムの格率」を拡張気味に捉えることで、より個人的で特殊な事柄に引き寄せてプラグマティズムを理解できるようにしている。

その象徴的な概念が「その限りにおける真」〔true in so far forth〕である。それは「絶対的真理」〔The 'absolutely' true〕(James 1922：222) と対置される。ジェイムズにとって科学はパースと同じく可謬主義的に捉えられ、「無限の自己修正と増進への道」〔a way for indefinite self-correction and increase〕(James 1987：995) をひらくものである。これは科学的探求の彼方に想定されてはいるが、それは「我々の一時的な真理がすべていつかそれに向かって一つに集中すると想像されるあの理念的な消点〔that ideal vanishing-point〕」であり、到達不可能あろうから「我々は今日得られる真理によって今日を生きなければならない」(James 1922：222-223) のである。

ジェイムズが「その限りにおける真」を提唱し、個々人の思考や生き方に一層ポジティヴな意味を与えることによってプラグマティズムを「思弁的象牙塔から広い世界の街頭へ進出させるに至った」のであり、「講壇の理論体系に彫琢せられたのではなく、彼〔ジェイムズ〕の手によってプラグマティズムは第一流の精神力として思想界を闊歩させられるに至った」(植田 1949：33-34、括弧内引用者) のだ。古典プラグマティズムの共通点は「習慣」という物質的であると同時に精神的な概念を用いることで折衷的な立場をとり、対立すると思われる事物を共存するものとして捉える点が特徴であるといわれる（上山1996）。この立場では、事物をめぐって本質や根源、絶対性を追究しようという必然性を感じていないという点で、非哲学ないし反哲学的な風味を帯びる。

しかしそれはどちらかといえば哲学者に対する批判的な意味である。ジェイムズは真理を「それを信じる方が我々にとってよりよいもの」〔What would be better for us to believe〕であるとし、「善の一種であって、一般に想定されているような、善とは異なるカテゴリに属するものでもなければ、善と同格のものでもない」（James 1922：76-77）という。

　ジェイムズの思想を最も短縮していえば「有用ならば真」ということになるが、その有用性が満足〔satisfaction〕とみなされていることに対し、デューイは「プラグマティストが長々と述べている満足とは、生命体が、観念を形成し適用することをもって環境を更新することで、環境に対してよりよく適応しているということである」（Dewey 1910：155）と、ダーウィニズムを前面に出した文脈で説明している[8]。この「適応」に関するデューイ独特の周到で晦渋な議論が、客観的な人間科学の匂いを醸し、他の学問、例えばソーシャルワークの実践モデルにおいては思想・精神というよりも一個の厳密な理論として継受されているようである[9]。

　しかしここで留意するべきデューイ思想の重要性はその民主主義的な社会観である。そこで観念や思考とは「無限の自己修正」を行うデモクラティックな社会を構想する上での道具である。このとき重要なのは、宇野重規がいうように、「習慣」が完全に個人レベルで形成され再構成されるのみでなく、それは社会的なコミュニケーションと不可分であり、習慣の変革を介して人と人との諸関係、社会のあり方を変革し、動的な社会像を描くように観念されている点である（宇野 2014）。

　以上の古典プラグマティズムの非形而上的な性向、可謬主義、その限りにおける真、ダーウィニズムの積極的依拠とデューイ流のデモクラティックな社会の構想といったエッセンスを継受し、「哲学に対する民主主義の優先」（Rorty 1991）を唱えたのがローティである。ローティは哲学史的には古典ではなくネオ・プラグマティズムに位置し、その思想の特徴は反本質主義や反基礎づけ主義などといわれるが、古典プラグマティズムから通ずる思想・精神的側面を継いでいる[10]。それは以下のような人間観と世界観の上に成り立つ。

　産業革命や市民革命といった人類の大きな経験に C. ダーウィンの理論が加

わったとき、人間は人間ならざるものの力に頼らずに完成を目指すことができるようになった。自然が向かう最終的な固定された到達点はなく、また人間は実在を正確に表象することよりも事物を使用し対処することの方に力を発揮する柔軟な生き物である。哲学は人間社会の工学としての政治、またその実行システムたる民主主義に対して基礎的な役割としての優位性をもたない。科学は実在の正確な表象ではなく連帯の道具である（Rorty 1989；Rorty 1991）。したがって科学も哲学も人間社会の文化的営為の分節領域に過ぎないのである。

　　　我々プラグマティストには真理をそれ自体のために追求するべきだという考えが理解できない。探求の目標は、我々人類の間で、何をするべきかについての合意に達することであり、達せられるべき目的〔the ends〕についての合意とそれらの目的に達するために用いられる手段についての合意をもたらすことである。（Rorty 1999：xxv）

　このような思想は、魚津郁夫がいうようにローティがもっぱらジェイムズの「その限りにおける真」をプラグマティズムの重要な位置に据えたことからくるのかもしれない（魚津 1997）。

　ところで、「達せられるべき目的〔the ends〕についての合意」という表現は、目的が具体的に固定されたものではないことを意味する。「目的」とは人間とこの社会、国家、世界に関わる何らかの状態である。それを達成するための行為の誘導に係る語彙が理念の語彙であり、その理念とは行為によって具体化し、評価と修正可能性に開かれる。つまり目的たる理念の語彙とは常に中間目的的であり、その意味で手段でもある。このことを先述の宇野は以下のように説明している。

　　　人間が行動するにあたって選びとった理念が正しいことを、神学的・形而上学的に論証することではない。すべての人間には、自分の選び取った理念を追求する権利があり、重要なのはむしろ、そのような理念が結果として何をもたらすかである。プラグマティストたちにとって、理念とは、人間が世界に適応し、世界を変えていくための実際的手段であった（宇野 2013：20）。

　理念はそれ自体として真理かどうかを問われるのではなく、期待された結果との関係で問われる。例えば、ノーマライゼーションや自立支援といった社会福祉学の重要な理念の語彙は、その理念の語彙自体が批判的に問い直され、再構成されている。理念は人間同士の相互行為にもち出されることによって社会的意味をもつ。理念と理念実現のための行為の連続が、社会的なレベルでの習慣を再構成していく。

　プラグマティズムは「問うこと」や「考えること」を生業とする研究者に対して、その問いや考えがどのような感覚や行為などの帰結をもたらすのか、あるいはどのような重要な帰結をもたらすことを目的にそれを考えるのかに自覚的になることを要求している。この思想はかつて A. トクヴィルがアメリカ社会を指して「伝統は一つの情報に過ぎぬとみなし、今ある事実は他のよりよいやり方をとるための役に立つ研究材料としか考えない。自らの手で、自分自身の中にのみ事物の理由を求め、手段に拘泥せずに結果に向かい、形式を超えて根底に迫る」（Tocqueville 1840＝2008：17-18）と述べたものに重なる。

　さて、今日「プラグマティズム転換」によって「目的の転移」からの脱却を提唱する藤井は、当該の学問が人間、モノ、社会、世界などの、具体性と適切性の次元においてどうあるべきか、どうしたいかという点にその学問へと向かう研究者の目的意識がある以上、研究者のコミュニティにおいてその学問的営為の意義を問うべきだと提案する。そして「何のための研究なのか？」（目的意識）という問いと「その研究が何をもたらすのか？」（プラグマティックな要請）という問いを重ね、後者を意識することで前者を見失わないようにすることを、思想・精神としてのプラグマティズムの「効能」としているのである。

　目的意識を見失わないための「作法」の具体例として藤井が提唱するのが、ある議論に対して "So What?" と問う「So What テスト」である。"So What?" といって目的意識を問う姿勢は、プラグマティズム思想を基底するアメリカの伝統的な気質に結びついている（鶴見 1971）。また、藤井はジェイムズを直接引用していないが、ジェイムズは実際にこの種の根本的な問いをテスト、すなわち一つの作法として実践するよう提案している。

　　哲学上のさまざまな論争も、これを具体的な結果〔a concrete consequence〕
　　に筋道をつけて考えてみるという簡単なテストにかけてみるや否や、その多くが
　　無意味に帰することは、実に驚くべきところである（James 1922：49）

　プラグマティストは「意味のないもの」を確認するために"So What?"テ
ストを行うのであるが、それは単に不毛な議論に関わる手間を省くのみでな
く、当該の学問の目的意識は何かを改めて問うテストとなる。

　無論、学問的な議論において"So What?"という問いを投げかけることは
御法度だという声もあるかもしれない。学問は学問的な営みそれ自体が面白く、
価値があるのであって、それに対して"So What?"などと問うのははなはだ無
粋だという声である。これはもっともである。また実際的な事柄との対話は、
何らかの利害関係に参入することでもあるから、行為や帰結といった「実」の
部分に縛られずに価値自由的な態度を堅持することもときに必要であろう。

　しかしながら「学問というもの」への自由な態度という、基本的な構えは当
然であって、その程度のことは前提とした上で、社会福祉学という領域の特性
を考えるとどうか、という話である。"So What?"という問いを引き受けざる
をえないのではないか。そもそも社会福祉学は価値自由を必然としておらず、
実学性を追求している。社会福祉学は単に特定のトピックについて事実的・法
則的な事柄を明らかにすることに留まらず、それをあくまで手段として〈目的
概念としての社会福祉〉を実現するために用いることを想定している。ならば
個々の研究に対して"So What?"と問うことは御法度ではないだろう。社会
福祉学はむしろこのような目的志向的な思考を重視してきたはずである。

5　社会福祉学の性向

　図2に示したのは、図1の図式に社会福祉学の目的手段関係を当てはめた
ものであり、点線の丸枠において「目的の転移」的状況にある社会福祉学の一
つの傾向を示している。

　先に筆者は、手段である〈実体概念としての社会福祉〉の各論に埋没するこ

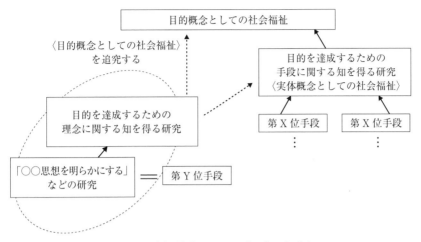

図2　社会福祉学における「目的の転移」

　とが、社会福祉学を「重箱の隅を探る」「ゲーム脳」の「プレイヤー」に陥らせると述べた。目的から遠いことは、つまり理念やイデオロギーに無自覚であるのと同じであるし、"So What?" と問われることに耐えられない。

　しかしそれは実のところ、社会福祉原論のある傾向においてもそうである。社会福祉原論の産物としての知識の活かし方、応用的な意義としては、つまるところ図2の2つの点線矢印のいずれかの方向性を持つはずである。すなわち〈目的概念としての社会福祉〉として社会福祉学が目的とするもの（福祉国家、福祉社会、共生社会などがそれである）を追究するか、あるいはその達成のための手段たる〈実体概念としての社会福祉〉の改善改良に寄与するかのどちらかである。

　しかしながら〈実体概念としての社会福祉〉を中心に観念される今日の社会福祉学にあって、社会福祉原論においてしばしばみられる問いの立て方は「社会福祉の根源にある X を明らかにする」類のものや「Y の福祉思想を明らかにする」類のものである。これには福祉思想・福祉哲学、歴史研究、宗教的研究、人物伝的研究など広範に関わってくるが、この類の研究は往々にして図2の点線矢印のどちらでもなく、点線の丸枠内（つまり「目的の転移」の内部）

に留まっている。それでは下位手段に満足しており、消極的であるので、点線矢印のいずれかに接続されるべきである。

　学会黎明期の社会福祉理論から今日に至るまで、社会福祉学が総じて科学志向的であったのは、科学的知識こそが社会福祉学の〈目的概念としての社会福祉〉の実現への近道だという認識があったからである。竹中勝男が〈目的概念としての社会福祉〉と〈実体概念としての社会福祉〉という分類を作りながら、「その『理論関係が明瞭に示されるか、または、少くとも問題の解決に向かってそれが正しく発足されていない限り、その実践領野に於ける効果』や進歩を期待することはできない」（ママ、竹中 1956：6-7、ただし原文は旧字体）として、社会科学的な研究としての学を構想していることは、この学問の精神を表したものとして解せる。戦後社会福祉学 60 年の中でパラダイム化した〈実体概念としての社会福祉〉に軸足を置く研究スタイルはその点に有利があった。その帰結としての「ゲーム脳」的なミクロな調査研究の隆盛も、社会福祉学を取り巻くポリティカルな文脈とは別のところで、必然的だったのかもしれない。

　いずれにせよ、それらのいかなる研究も、主流である必然性はない。実体的な次元で科学的に考えることは、その科学技術的精度、つまり人間社会の実相を法則定立的に写し取る精度に比例して実際社会において役立つかが期待できるが、しかしそれもまた一種の視野狭窄に陥り得る。この点に関して再びローティの言葉を引いておこう。

　　　プラグマティストは実在との対応〔correspondence with reality〕という考えを一切捨ててしまうのであり、したがって現在の科学は、それが実在に対応しているから我々の課題に対処的〔cope〕なのではなく、ただ単に対処的なだけであると主張する（Rorty 1982：15）。

プラグマティズムは言語論的転回を経ていわゆるポストモダン的な思想と結びついたとき、科学は文学のひとつであるとさえいうようになった。しかしそれは完全に新種の思想潮流というよりは、かつてトクヴィルが見いだした「手段に拘泥せずに結果に向かい、形式を超えて根底に迫る」というアメリ

カの伝統的な思想・精神としてのプラグマティズムのあり方に通ずるものである。その思想・精神からすると、望ましい知がどの知的領域にあるのか、どのような知のタイプがそれを獲得するのかといったことを限定しない。ゆえに目的達成のための手段としては、科学も、哲学も、文学も、アマチュアの経験からの思惟も、並列的な道具となりオプションとなる。

　すべての人に善き理念を持つ資格があり、人間社会という環境の再構成に関わる資格がある。あらゆる分野の知は連帯のための異なる語彙としての差をもつにすぎない。それがデューイ＝ローティ的な民主主義としてのプラグマティズムである。

　社会福祉学の場合、研究者や実践者など〈目的概念としての社会福祉〉を追求する者として自らの理念を持ち寄って相互作用しながら連帯することであり、社会福祉学という研究コミュニティを連帯のコミュニティとする見立てをもつことである。そしてさらにその外側にいる人々へとそのコミュニティを拡張する働きかけが進められる。

　「プラグマティズム転換」は目的手段関係を強く意識することを要求するが、それはあくまで「『プラグマティズムの精神』というものを想定するなら……（中略）……『崇高な目的』『品位ある目的』のために役立つものを『正当化』する」（藤井 2012：132）ことである。社会福祉学にとってその目的が〈目的概念としての社会福祉〉およびその系である〈福祉の理念〉であり、社会福祉原論はこの領域との対話を意識しなければならない。

6　実体概念としての社会福祉の存立根拠

　ここまで〈目的概念としての社会福祉〉に基づく社会福祉学という視座について述べてきた。ここで今一度〈実体概念としての社会福祉〉に基づく現在の社会福祉学に引きつけてこの視座をより明確にしておきたい。

　学問には固有の視点や価値、方法を有する“discipline”と固有の対象領域を持つ“field”がある。社会福祉学はどちらかといえば後者を指すものとされ、1980年代以降、研究領域が他領域と重なってきているために今日改めて社

会福祉のアイデンティティが問われているなどといわれるようになった（杉野2011）。しかしながらそもそも「領域」が論題にならざるをえないような〈実体概念としての社会福祉〉という前提認識に社会福祉学が成立する上での必然性があるわけではない。むしろ一つの手段的ないし各論的領域である〈実体概念としての社会福祉〉理論に社会福祉「学」それ自体のアイデンティティを賭してきたことが、事物の目的手段関係、主従関係に捻れを生じさせ、「学」のアイデンティティを不明にし、社会福祉学を政策学や社会学など他の諸学と区別のつきにくいものにさせているのではないか。そして今日そのような名もなき総合の学の一角にどこか「福祉的な」関心を持つ研究者が旗を立てたコミュニティ、という具合で社会福祉学が観念される事態となっているのではないか。

〈実体概念としての社会福祉〉は何らかの実体的なモノ、カネ、サービスに関する議論である以上、その存立根拠としての意義かつ限界は、常に何らかの上限下限、つまり何らかの基準に規定されている。それは日本国憲法第25条に説得力を借りるところが大きい。しかし〈実体概念としての社会福祉〉が何らかの基準に依拠しているということは、その基準それ自体の追究から離れたところで、基準を満たす場面に着目した議論ばかり展開することを許容できないはずである。満たすべき基準が明らかでないままこれを満たすことに専念することは、供給の不足（＝しなければいけないことをしない：未達成や無能力など）や供給の超過（＝しなくてよいことをする：過剰要求の受忍や過剰なパターナリズムなど）に対する思考停止を意味するからである。

それでも〈実体概念としての社会福祉〉を「最低限度の生活」という日本国憲法第25条の文字通りの基準に従って物量的、救貧的な発想でのみ解釈し依拠すれば、事はそれほど困難ではない。この点、孝橋正一の社会福祉（社会事業）理論における補充性の議論を参考にして説明する。

孝橋は社会政策と社会福祉（孝橋の言葉では「社会事業」）がともに資本主義制度の欠陥から生じてくる社会的諸問題のいずれかに対応する「社会的方策施設」、すなわち何らかの実体であるとした上で、労働問題の基本的部分である「社会問題」に対応する国家的政策が社会政策であり、そこから派生する諸々の社会的変態現象や福祉の侵害である「社会的問題」に対する公私の対策

を〈社会福祉＝実体概念としての社会福祉〉であるとし、その本質を社会政策の補充機能にあるとした。補充性の例として次の記述に着目されたい。

　　最低賃銀制度の基礎のうえに、さらに傷病や失業の時には健康保険、失業保険などの社会政策によって充分保護されるなら別に問題はないわけであるが、これらの社会政策的保護の実質や金額が不充分であるとか、六ヵ月間しか支給されないとか、適用対象が五人以上の工場・事業場というように制限されると、（このことは日本の健康保険制度や失業保険制度の実例が示しているところである）<u>労働者とその家族が生活を維持して行くためには、そしてより充実した生活を送るためには</u>、社会生活の各場面で、その不足を補充するためのなんらかの社会的配慮が要求される。ここに補充的装置としての社会事業が生まれ落ちる必然性がある（孝橋 1956：18-19, 下線は引用者）

　下線部は微妙な記述であるが、このとき孝橋の補充性の議論は何らかの基準を参照している。社会政策による対応が不足している場合に補充機能として社会福祉が登場するということは、不足を埋め合わせて一定の基準に到達させることを意味する。その到達すべき基準は「労働者とその家族が生活を維持し」「より充実した生活を送る」ことであり、社会福祉はその確保が要求されていることに「生まれ落ちる必然性」があるというわけだ。孝橋のいう補充性を示したものが以下の図 3 である。

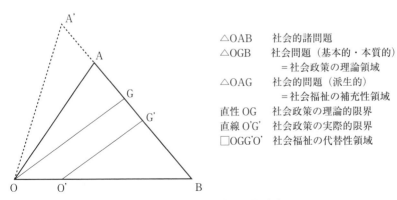

△OAB　　社会的諸問題
△OGB　　社会問題（基本的・本質的）
　　　　　＝社会政策の理論領域
△OAG　　社会的問題（派生的）
　　　　　＝社会福祉の補充性領域
直性 OG　社会政策の理論的限界
直線 O'G'　社会政策の実際的限界
□OGG'O'　社会福祉の代替性領域

図 3　社会福祉の補充性と代替性

孝橋正一（1969）『社会科学と社会事業』（ミネルヴァ書房）209 頁より筆者が一部改変

社会的諸問題（△OAB）とは要するに社会的諸問題を解消する基準が満たされていないという問題である。孝橋の元の図にはA'はないので、孝橋が意図した△OABは補充性や代替性という機能を示すために作られた純粋な観念図であろう。しかし「社会的方策施設」の限界領域を表す△OABは当然に実際社会におけるものなので、面積があるはずである。つまりAとA'は別物であり、〈実体概念としての社会福祉〉に相当する□OAG'O'がその存立根拠を超えて□OA'G'O'になってはならないというコードを含んでいる。□OAG'O'が□OA'G'O'になる場合、それは〈実体概念としての社会福祉〉の過剰供給である。

孝橋は有閑マダムの三角関係の調整や死に直面した患者の恐怖からの解放がケースワークの領域に入るかどうかについての論争（孝橋 — 仲村・中薗・児島論争）において、ケースワークは「そんな仕事を引き受けるほどまでに、よろず屋的」（孝橋 1969：286）ではないとしている。これに対し児島美都子は孝橋理論を「救貧対策的福祉施策を脱却できないという欠陥を持つ」（児島 1980：54）と評している。この論争はつまり□OA'G'Aが発生し得るかし得ないかという境界の有無の問題というよりは、その境界をどう設定するかという問題である。

孝橋は積極的に「人権」や「生存権」という語を用いていない（熱心なマルクス主義者は人権をブルジョワ的権利であると考えて好まない）が、△OABに相当するものついて以下のように25条の記述に依拠することもあった。

　すべての國民が健康で文化的な最低生活をおくることを約束せられるということとは、近代民主制社会における人間生活の理想である。ところがそれぞれの國民がそこに生活を営んでいる現代の社会制度は、無條件的にこの理想を実現していくものではなく、この制度に固有の欠陥から、かえつてそのことがさまたげられているのである……（孝橋 1951：1、下線は引用者）

孝橋は「約束せられる」という表現を用いており、生存権が保障されているとは述べていない。ただ社会政策および〈実体概念としての社会福祉〉は25条的な基準によって招致されている[11]。

孝橋に限らず社会福祉理論で扱われる〈実体概念としての社会福祉〉をめぐる議論は社会政策や他の一般施策との区別を意識してきた。しかし今やその区別は問題ではない。何にせよ〈実体概念としての社会福祉〉の存立根拠を与える基準とは、資本主義体制の維持に最低限必要な生存であるとか、労働力の保存と再生産であるとか、生かさず殺さずの文字通り「最低限度」という限定されたものではないからである。先に引用した孝橋の文（孝橋 1951：1）をみても、「救貧対策的福祉施策を脱却できない」といわれながらも孝橋は「より充実した生活を送る」「近代民主制社会における人間生活の理想」という表現で25条の記述の意味を深め、あるいは拡張気味に読む余地を示している。そもそも資本主義の構造的欠陥による社会的諸問題などというものが、時代、社会ごとの勝手な解釈を抜きに、25条の最低生活の基準と一致している理由がどこにあるというのだ。

　充足されるべき基準は救貧対策的な意味での25条に留まるのではなく、13条に示される「個人の尊重」や「幸福追求権」のようにより一般的かつ実質化を要求する理念的な基準に依拠している。社会福祉学は人権に関して、25条を13条と融合的に読むなどして意味的に拡張ないし修正 — すなわち社会福祉学流の解釈改憲 — をしてきたのである。

　したがって社会福祉学はそもそも〈実体概念としての社会福祉〉の存立根拠を実体的な次元で手放している。個人が尊重されること、幸福追求のための

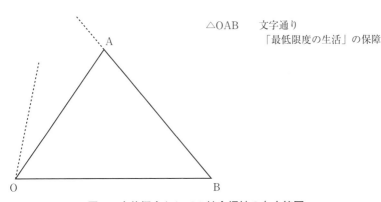

△OAB　　文字通り
　　　　　「最低限度の生活」の保障

図4　実体概念としての社会福祉の存立範囲

諸条件が確保されることは、不足している何かを物量的に補充するというより
は、〈福祉の理念〉を追求すると表現する方が妥当である（図4）。

7　ニード論論

　社会福祉が〈実体概念としての社会福祉〉として観念されている以上、その
存立根拠は補充されなければならない何らかの基準に依存している。その基準
に関する議論とは社会福祉理論においては対象論と呼ばれてきた。

　対象論という場合、かつては社会問題や生活問題といわれる何らかの「問題」
を対象とするのが主流であった。1970年代半ば以降は〈実体概念としての社会
福祉〉の機能としてニードに焦点があてられるようになり、1980年代以降は対
象論を類型化して整理する議論が多くみられるようになる（永岡 2007a）。結局、
今日の主流はニード論を対象論とする立場である。このニードとは人文学的な
「ベーシック・ニード」のほか、具体的な制度・政策・サービス体系を前提した
ときの政策論ないし経営論的な「サービス・ニード」がある（岩田 2001）。

　永岡正己は対象論には科学的・客観的に測定可能な問題と実際の人間のあ
り方に着目した価値的な問題があるとし、人権や何らかの価値の視点から対象
を論じようとするものは傍流であり、運動論やさまざまな理論の中に緩やかに
流れ込んでいったが、その意義をもっと認めていくべきだと述べている（永岡
2007a）。また中村剛は「価値に基づく対象理解」として、ニードを挙げ、こ
れと並列させて人権を挙げている（中村 2010）。人権など理念的なものを対象
にしようとする試みはどのような議論の枠組みにおいて可能であろうか。また
そのときニードという概念はどこまで意義をもつのだろうか。

　ニード論において最も多く引用されているであろう三浦文夫の政策論的な定
義では「ある種の状態が、一定の目標なり、基準からみて乖離の状態にあり、
そしてその状態の回復・改善等を行う必要があると社会的に認められたもの」
（三浦 1995：60）とされている。対象というのは充たすべきニードの認められ
る対象であり、これは事実と当為の両方を含んだ概念である。ニード論で必ず
といっていいほど参照されるマズローの欲求段階論や岡村重夫の「社会的生活

の基本的欲求」、また A. センや M. ヌスバウムの「ケイパビリティ」もそうであるが、これらに登場するリストは 13 条的な柔軟な基準に関わるものを含んでおり、実際にはかなり広範かつ柔軟に適用されるようなものを含んでいる。

　これらのニード論はしばしば人権の議論にも重ねられる。マズローの欲求段階論では、生理的欲求や安全などの基本的欲求を満たしていき、ついには「自己実現」なる領域に行き着く（Maslow 1970=1987）。ソーシャルワーク論においてはこの欲求段階の全階層がニードであり人権であるという見方もある（エンヴァル 1997ab）。岡村重夫の社会生活上の 7 つの基本的欲求も社会的協働や文化・娯楽に対する参加などが欲求に含まれており（岡村 1956）、それらが成就されることは保健・医療の保障などの並列される他の基本的ニードとは一線を画した実存的充足を与えるものである。ケイパビリティのリストもまた、人間が生存する上での最低限の条件ではなく、幸福追求のための諸条件に関する可能性の保障であり、それは人権アプローチの一種であると考えられる（Nussbaum 2006=2012）。

　ニードは幸福そのものの諸条件ではなく幸福追求のための諸条件である。しかしどうやらニード論は、ニードとされるものがうまく揃って保障されたときには、当人がすでにそれなりの幸福を感じて生きているだろうと思える程度の充実を要求している。そのような非実体的ないし理念的なニード論——それは何が「必要」なのかは一般論、抽象論としては結局のところよくわからないという意味で、ほとんどニード論の解体なのだが——へと誘う典型的な議論が早野禎二の「幸福ニード」である。それは以下のように説明される。

　　幸福というニードは、その人の経験世界、内面世界と関連を持っており、多様で個別的である。幸福の一般的定義、普遍的内容を定義することはできない。幸福ニードというものを考えた場合、それは画一的に、また、一律に外から判断し、充足させるというのは困難である。従って、この幸福ニードは、金銭的給付、現物給付、サービス給付という概念だけではとらえきれない。それは、人間の内面に関わったサービスであるゆえに、客観的指標化はなかなかに難しいものといえよう。当事者の幸福という多様で個別的なニードをどのようにとらえて、社会福祉を進めていくかが問われることになる（早野 1997：6）。

　「幸福ニード」は政策上のニード概念を設定するために持ち出された三浦のニード論に対照される形で提示された援助論的なニード概念である。しかしこれは政策や援助という立場を超えて社会福祉学一般に関わる意味をもっている。

　25条に対する13条、あるいは政策上のニードに対する幸福ニードというイメージは、岡本秀明のいう「低次の福祉ニーズ」と「高次の福祉ニーズ」という分類にも相当する。前者は「それを充足しないと生命に著しい悪影響を与えるようなもの、いち早く充足すべき優先度の高いもの」であり、後者は「充足する優先度は相対的に低いが、人間らしい生活を送るために必要なもの」（岡本 2013：47）とされる 。今日においては「幸福ニード」のような観点から、低次・高次の区別にあまり意味はなく、要するに双方が「ニード＝必要」とされる。

　ニード論がこの次元に突入したとき、ニード論は制度・政策・サービス体系といった実体で対応しうるものよりも、それらが帰結として、尊厳ある生とか、well-being といわれる〈福祉の理念〉に適合しているかという点にのみ関わっている。

　ニード論の直面する困難の一つとしては、「人間であることの共通基盤をその社会生活や精神生活にまで広げていけば、人間の共通の『ニード』は際限なく列挙されていく可能性」を持つし、「とりわけ、欲望の創出を基底においた市場経済社会、特に高度な消費社会では、社会生活上の『ニード』は欲望と共に際限なく拡大し、『欲望』と『ニード』の現実的区別は、簡単にはつかなくなっていく傾向」（岩田 2000：35-36）がある。人間の社会生活において何が必要なのかを述べるにはとりあえず必要だと思われるものを列挙していけばよいが、どこまでが必要でありどこからがそうでないのかという境界線を問うと途端に難題になる。しかも今日では、事例によってはニードが表明されるとも限らないとか、表明されないことをニードがないことと同義として捉えるべきではないとか、ニード理解に係る〈パターナリズム＝悪／自己決定＝善〉という二分法もまた不適切だともいわれている（児島・平塚 2015）。

　そのような状況で何をどのように充たすべきかについて判断することや、判

断への評価を与えることは、「必要だから」といえるための人間科学的知識への信頼よりも〈人間の尊厳〉を中核とし、尊厳ある生、つまり幸福追求のための諸条件の保障という〈福祉の理念〉に照らして、それが単に「望ましいから」と言い切る信念にかかっている。超歴史的な人間科学的普遍性や、あるいは当該の時代と社会において何がニードとして普遍的たりうるかについて、それを論証できようができまいが、それが「必要だから」と主張するのと「望ましいから」と主張するのとでは、大した差はない。社会福祉学においては「Aさんにとって X は必要だ」という文は「A さんにとって X は望ましい」という文と、実のところ大した差がない。例えば「文化・娯楽に対する参加はベーシック・ニードである」という文は、「文化・娯楽に対する参加は尊厳ある生、QOL の観点から保障されるのが望ましい」という文と差がない。そうであるから社会福祉学は、A さんに X を提供するべき、あるいはしないべきという、同じ帰結に関する信念を、よりポジティヴな意図の込められた後者の文として理解し記述することもできる。

　無論、ニードを〈福祉の理念〉のレベルに留めておくことの危険性は指摘されている。例えば岩田正美は以下の点を指摘している。①ニードの内容を最低生活基準として官僚に断定されること、②ニードの内容が専門職の権威や権力、特に医学モデル的判断に依存すること、③ニードの正当性がニードの内容ではなく社会的有用性の思考で判断され、自立した「強い個人」像を強めることに繋がること、④③のような価値観をも「自立へのニード」として普遍化・中立化してしまうこと、である（岩田 2000：37-38）。

　しかし社会福祉学者がニードを適切に理解し定義できたら、ポリティカルな次元にある①～④の問題は解消されるのだろうか。それは置いておくとしても、岩田がいうように、対象論というのは誰を、あるいは何を対象にするのかを、その優先順位や資格要件という点、あるいは誰を排除しているかという点に着目し（岩田 2007）、価値判断によって「構築」していくものである（岩田 2001）。そのとき社会福祉の対象論はニード論を必要とするのだろうか。実際、ニード論はもう行き止まりにありはしないか。岩田も社会福祉学（岩田の言葉では「社会福祉論」）におけるニードを対象とした研究は何がベーシック・

ニードであるかという肝心な点を必ずしも掘り下げてこなかったと指摘してきた（岩田 1991；岩田 2000）。ニード論は教科書の類でも詳細に論じられているテーマではあるが（例えば、平岡 2003；圷 2014）、類型化ばかりが好まれる。何がニードであるかを積極的に論じて見解を提示するというよりは、ニードを理解するにあたっての議論の整理、ニードを理解するための理解、研究者の議論のための議論としてのいわば「ニード論論」というべき様相である。

　特定の状況におかれた人々の個別的なニードを把握することには意義がある。しかしニードそのものを整理して知ろうとする試みにはどれだけの意義があるのだろうか。もし人間にとって必要なもの "need" と、そうでないもの ── これはニード論においては "want" とか "desire" とか "demand" といくらか表現があるが ── を徹底的に線引きできたとして、だから何なのか。ニード論は人間の本質に対する探求心、あるいは特定の時代、社会、文化という条件を考慮しながらも、結局は多様な人間生活や人生に対してその基本的なあるべき姿を一概に捉えたいという単なる知的欲求に通じているのかもしれない。しかしながらそのように大上段に構える研究者が、そうして得られた知識をいったい何に使うのか、どこまで使うことができると考えているのかという展望について、それほど積極的に紙幅を割くことがないのはなぜだろうか。

　先の永岡や中村がいうところの、価値によって対象を把握するという試みは、つまるところ〈目的概念としての社会福祉〉に基づく社会福祉学という立場から、非実体的で曖昧な基準であろうとも、個別具体的なコンテクストの中で最善と思われることを「対象」とするという姿勢を意味している。

8　社会、社会福祉あるいは社会福祉学から逃れる試み

　〈実体概念としての社会福祉〉とは、必要であるからその主張に値するものであるが、それは換言すれば〈目的概念としての社会福祉〉あるいはその系である〈福祉の理念〉に照らして主張に値すると信じられるということである。

　社会福祉学にとって〈目的概念としての社会福祉〉を前提にしているような議論はこれまでにもあった。すなわち、加藤博史や中村剛らのいう福祉思想・

福祉哲学であり、また秋山智久らのいう人間福祉学、池田敬正らのいう福祉学、一番ヶ瀬康子らのいう福祉文化論であった。

　これらの議論は名称からも分かる通り、社会福祉学からあえて「社会」の概念を取り払って「福祉」を強調している。これらは1970年代以降の福祉国家から福祉社会、地域福祉へという流れの中で、〈戦後＝日本国憲法＝人権＝生存権・幸福追求権 ⇒ 権利としての社会福祉〉の図式を意味する「社会」を取り払ったものと捉えることもできる。

　しかしこれらの議論は〈実体概念としての社会福祉〉を補完する領域という文脈もあり、〈目的概念としての社会福祉〉に立ち返る試みとして再定位することもできる。

　また、社会福祉士養成のカリキュラムにおいて「社会福祉原論」という科目名が消えて「現代社会と福祉」という科目名となっているが、そこで「社会」を取り払った「福祉」とは目的概念と考えられている（大友 2013）。「現代社会と福祉」という名称は、社会福祉学が社会的要請に適う実用的な研究を担うように迫るものである。

　特に社会福祉原論、すなわち社会福祉理論、社会福祉史、福祉思想・福祉哲学などの領域を担っている研究者は、実用性という概念に対して複雑な心情を抱くかもしれない。この実用性の要請は〈目的概念としての社会福祉〉の自覚への要請であると捉え直せばよい。例えば、福祉思想は「相互扶助の思想、慈善・博愛の思想、社会連帯思想、ボランタリズムの思想、ノーマライゼーション、自己決定権の尊重と自立支援、社会的正義、社会福祉の倫理」（中村 2012：38）と列挙される。この種の研究は、社会福祉史も同様であるが、ただ偉人の業績や団体の活動を紹介することを目的として（手段の目的化である）、「これが福祉だ」と示唆して終わるものも多い。これらは、社会福祉学に関係する研究者や実践者らがその思考や行為の指針としてきた、あるいは指針として共有するべき〈福祉の理念〉のリストを与えるものと考えればよい。

　これに対し福祉哲学とは、ソ連崩壊後の人文社会科学分野での方法の多様化と混迷、社会福祉学におけるマルクス主義というグランドセオリーの喪失、そして本質論争の低調化の時期である1990年代以降に盛んになってきたもので

ある。

　その一つには人生観・世界観的な意味での「福祉の哲学」がある。徳永哲也は「『善』や『正義』や『幸福』に関する哲学的議論を、人の喜びや満足などの素朴な思いの言葉に接合すること」（徳永 2005：53）を提案している。その一方で、横山穣がいうように福祉哲学には単に幸福な人生観や世界観を追究するだけではなく援助者たるワーカーやサービス利用者の視点に立った哲学も求められている（横山 2002）[12]。福祉哲学を標榜する人々はとにかく大上段に構え、「根源」や「原初」や「真理」といった言葉を好み、場合によってはそれを明らかにする、論証するとまでいい、社会福祉に関する営みの何か本質的なもの ── 人間ないし人間社会にとってすでにあり、今もあり、これからもあり、常にあるもの ── を掴み取ろうとする。なぜそのようなことをする必要があるのか筆者にはわからないが、そこで得られた理念が何らかの行為に影響を与える限りでは意味をもつだろう。

　池田敬正のいう「福祉学」はどうか。池田によれば「福祉」は前近代、近代、現代に至るまで常に普遍的理念を内包しながら歴史的に展開する社会現象であるから、意味重複となる「社会」を冠する必要がないという。池田は歴史研究によって実証的な〈福祉の理念〉を抽出することが社会科学としての福祉学であるとしている（池田 2005；池田 2011）。池田は人間の「愛他」や「共生」という社会的共同の意志が歴史通貫的な〈福祉の理念〉であるとし、それが規範や目的の領域をなすが、前近代における理念や規範は近代に解放される人間の理性に基づいて合理性と普遍性を確立する方向へ再編成されなければならなかったという。池田が「普遍的」という語を用いるときには人類史的な真理や本性が示唆されている。この点は、各時代の人間社会において望ましいと考えられてきた人間社会像の共通項が示され、それが現在と未来においても重要性を持ち続けると確信できる〈福祉の理念〉であると解せばよい。

　人間福祉学という領域はどうであろうか。「人間福祉」という語は 1960 〜 70 年代頃から用いられていたが、盛り上がりをみせるのは福祉哲学と同じく 1990 年代以降である。これはいわゆる「福祉の普遍化」── また 50 年勧告では公的責任としての最低生活保障とされていたものが、95 年勧告では「広く

国民に健やかで安心できる生活を保障すること」へと変化するとともに「新しい連帯」が求められたこと — に関わっている。人間福祉論は狭く限られた人々への「社会福祉」からすべての人々の幸福追求に向けた「人間福祉」へという流れにあるとされる（西 1999）。

　また秋山智久は社会科学に基づく政策論中心の社会福祉学に対して個人の実存や幸福を射程に入れるべきであるとして「人間福祉」が構想され、幸福の外的条件たる「社会福祉」に対置されるものとして幸福の内的条件たる狭義の「人間福祉」が求められる。「人間福祉」とは「個人の社会生活上の幸福を増進し、その実存とウェルビーイングを達成し、人格の向上」（秋山 2004：14）という目的に基づく。

　ただ「人間福祉」という概念には、心理学や教育学など他領域の研究者を福祉系学科に包摂する装置としての意味もある。つまり学問体系上の試行錯誤というより、社会福祉士・介護福祉士の国家資格化による福祉系学科の援助論への偏重の流れ、学部再編により社会福祉領域が他領域の草刈り場となったことと無関係ではないだろう。捉え方はさまざまあるだろうが、肯定的にいえば「人間福祉」とは他の多くの領域の学問が〈目的概念としての社会福祉〉を意識して結集する試みとして理解することはできる。

　最後に、福祉文化論はどうか。福祉文化論に関しては第 4 章で検討するが、おそらくこの領域はほとんど人間福祉論の登場背景と重なっており、発想も似ている。というより、日本福祉文化学会の英名は Japanese Society for the Study of Human Welfare and Culture であり、「社会福祉」ではなく「人間福祉」としての名称を用いている。「文化」という視点を強く意識していることを除けば、目的も議論の内容も類似している。結論を先取りして、明らかな福祉文化論の特長があるとすれば、福祉文化論のスローガンである「福祉の文化化」と「文化の福祉化」のうちの後者の構想である。

　以上のように「社会」を外し「福祉」に体重をかけることは社会福祉学を「社会福祉 — 学」ではなく「社会 — 福祉学」として捉えるものと解せる。「社会」とは当該の共同体の全ての成員が繋がり相互作用をもつという意味であり、「福祉」は目的としての全員の well-being であり、もって「社会 — 福祉学」は〈目

的概念としての社会福祉〉に基づく社会福祉学となる。

9　人権論への助走として

応用学問たる社会福祉学は、自らのもつ知識について、「目的」〔the ends〕たる〈目的概念としての社会福祉〉、またその達成のための思考や行動の指針を与える〈福祉の理念〉との参照を不可欠とする。

私たちの思考や行動が、例えば自立支援という〈福祉の理念〉のもとになされるとき、ある制度・政策・サービスが自立支援の意義を達成しているかが問われるとともに、自立支援という理念の内容もまた〈目的概念としての社会福祉〉に照らして修正可能性に開かれている（例えば、「自立とは何か？」という議論は自立支援の議論の花形である）。

ただ、目的に照らそうとすればするほど、社会福祉学の目的がどこにあるのかをその確証がなくなってしまうところまで行きつきかねない。社会福祉学は、帰結としてある事物がより善くなるのかならないのかという問いを発しながら、その奥底には、何をより善いとみなしているのかという最終的には論証し難い問いを常に抱えている。私たちは自らの信念が際限のない問いに晒される可能性に、しかも行き着くところトートロジーに陥る以外にその問いには応答できなくなることに自覚的になりながら、それでも何らかの理念を打ち立て、行動するしかない。そのような態度をローティはアイロニーと呼んでいる（Rorty 1989）。

社会福祉学においては、人権という概念を用いるときにも、つまるところは諸々の〈福祉の理念〉に行き着く。〈福祉の理念〉とは、〈人間の尊厳＝理念1〉を中核とし、その確保のために保障されるべきものを表す共有可能な範疇・語彙としての〈人権＝理念2〉、さらに社会福祉学においてはその表現として、ノーマライゼーションや自立支援といった諸々の〈理念3〉の語彙が用いられるという構想をもっている。

「人―権」の「権」、つまり権利というプログラム、権利の言語において守られなければならない内容が、尊厳ある生であり、幸福追求のための諸条件で

あり、換言すれば well-being である。そして社会福祉学は人権を媒介することによって一つの体をもつのである（この点は次章で述べる）。

　では「人」のほうはどうか。人権とは人間であることを条件とする権利であるから、〈われわれ＝人間〉とは誰かについての意識を要求する。人権の議論においては、〈われわれ＝人間〉とは地球の裏側にいる見知らぬ他者をも含んでいるという厳しい条件がついている。

　しかし社会福祉学において人権という語が用いられるときには、日本の、地域生活圏内の、生活上の諸問題、生きづらさを抱えていると思われる特定のカテゴリの人々から順番にイメージしていく傾向にある。社会福祉学においては生活保護受給者のほうが、たとえ彼らと同等かそれよりも痛ましく尊厳を傷つけられた状態にあるとしても難民や受刑者、冤罪被害者、国家賠償訴訟の当事者よりも人権問題のケースとして注目を集められる。それは「人権」の何たるかを法学的あるいは政治学的な意味で捉えるのではなく日本国憲法第 25 条とこれに基づく制度・政策・サービス体系たる〈実体概念としての社会福祉〉に結びつけて捉えているからであり、それに引っ張られて局限された〈福祉の理念〉に照らして捉えているからである。

　"最後の一人"を含めた全員を〈われわれ＝人間〉として扱うために、そこから漏れ落ちそうな特定カテゴリの人々に着目し、手段たる制度・政策・サービス体系とその存立範囲を設定することによって、人々を選別するのが社会福祉学の特徴である。そこには、関知しているか関知していないかという意味での選別があり、関知していても扱うか無視するか、扱うとしても中心化するか周縁化するかという選別がある。

　社会福祉学は人権を標榜しても、実のところ自身の人権観に係るイデオロギーを自覚的に相対化せず、扱うテーマを選別し、人間を選別している。人権の中核的価値は「人間の尊厳」であるが、尊厳を傷つけられている度合の順ではなく、実務的の関心を通して自身に愛着のある特定カテゴリの人々から拡張的に観念する。それは実務家的気質からいって不可避なことかもしれないが、人権論者であるならば、それに開き直るのではなく、自覚し、無限に修正していく態度をとるだろう。

　例えば障害者福祉論においては障害者福祉に関する何らかのサービスを受けるべき人々について、身体、知的、精神、発達あるいは何らかの難病といったカテゴリ、また障害者本人の母親、父親、きょうだいなど外延的対象も、異なる時期に関知され、扱われてきた。その都度これまでの社会福祉あるいは社会福祉学における「全員」とは誰だったのかということが明に暗に検討され、再構成されてきた。

　また中心か周縁かという選別は、特にケースワーク的視点においていえることだが、特定のクライエント、特定のカテゴリを中心とするとき、不可避的にその周囲にあるものは障壁であれ資源であれ周縁と認識される。例えば児童家庭福祉論においては家庭という単位を大事にしつつも、子どもに焦点化するのであって、確信的に親を周縁化して親権よりも子どもの利益を優越させて調整しようという意思が働く。親は、たとえ「親支援」として目的化されるときさえ、彼・彼女自身が目的として扱われるのではなく、子どもの養育機能として手段化されている。そこには人間を機能や情報として扱う側面がある。

　おそらく社会福祉学はこのような思考から逃れることはできない。ならばそれを含めて自らの人権観の意義と限界について自覚をもつことこそが、社会福祉学にとってまずは必要である。

注
1)　ただし "welfare" の "fare" には「よくやっていく＝暮らす」の意味からひろく「持続する」の意味があると考えられることに着目して（池田 2005：Ⅰ-6）、サスティナブルなよい暮らし、という意味にした。
2)　これらの列挙は中里（2001）、高橋涼（2012）、加藤（2013）を参照。
3)　プラグマティズムを「実用主義」と訳す者が少なくないが、プラグマティズムは「プラグマティズム」と呼称するしかない。あえて日本語にするならば、植田清次のように「行動主義」あるいは「実験主義」（植田 1961）という訳もあるが、これに心理学や科学主義寄りのきらいがあるなら、植木豊のように「行為帰結主義」（植木 2014）と訳す方がよい。
4)　例えば2010年以降の、いわゆる応用学問に限っていっても、精神病理学（大宮司 2011）、工学（藤井 2012）、体育学（高橋徹 2012）、保育学（山本 2013）、経営学（中川 2013）など広範に言及されており、小川仁志はこの一つのトレンドを「プラグマティズム・リバイバル」と呼んでいる（小川 2012）。

5)　無論、今日でも高度に体系化された哲学の一つとして研究する領域はある。プラグマティズムという語をひとたび用いれば、今日の動向や位置づけといったものを問われることになるかもしれないが、それは専ら職業哲学者による体系上の関心であろう。その意味でのプラグマティズムの近年の動向については伊藤邦武の『プラグマティズム入門』（ちくま新書、2016 年）を参照されたい。伊藤も著書の冒頭で「哲学思想としてのプラグマティズム」の全体像を提示するとことわっており、それはプラグマティズムが「必ずしも哲学の一つの立場、哲学思想の流派だけを指すわけではない」からだと述べている。

6)　本文で挙げたプラグマティズムに関する他領域の業績もほとんどにおいてパースやジェイムズなどの古典プラグマティズムに依拠しているし、この傾向に符合するように近年では古典関係の翻訳書や概説書がいくつか出版されている。

7)　この点、小川仁志も藤井の議論を紹介する際には「藤井によるプラグマティズムの定義は……」（小川 2012：169）と述べており、あくまで自己流の解釈と論調であることを示唆している。このような慎重さに対してそれこそプラグマティストであれば「それで構わない」と反応するかもしれない。藤井はまさに「プラグマティズム」をプラグマティックに、つまり応用学問として有用な思考や行動に関係する形で明晰化しているからである。

8)　ダーウィニズム自体はパースから一貫してみられる、プラグマティズム思想の特徴である。この点は岩崎（1958）を参照されたい。

9)　この点、ジェイムズを代表者とする段階とデューイを代表者とする段階とで、古典プラグマティズムのうちの前期と後期に分けることもあるようである（山崎 1956）。

10)　古典プラグマティズムとネオ・プラグマティズムの境界線は言語論的転回と分析哲学のプラグマティズム化にあるとされ、ネオ・プラグマティズムの起点はクワインが言語分析とプラグマティズムを接合したことが契機とされる。ネオ・プラグマティズムの傾向としては、古典プラグマティズムのように経験や精神について語るというよりは言語について語ろうとするし、一つの声に収斂することを想定する科学的方法に親和的な「探求」よりも、オークショットのいう、一つの声に収斂しない「会話」という発想を重視する。ローティの思想はさまざまな哲学的・思想的潮流の結節点にあり、これをまとめることは相当な紙幅を要する上、本書はそもそも哲学書ではないので（むしろ哲学者に非ざることにこそ意味があるので）、最低限の説明に留め、深追いしない。

11)　孝橋は「権利」や「権利としての社会福祉」に関しては特に愛情論的、慈善活動的な社会福祉との対比において頻繁にその意義について述べている。

12)　また、1980 年代に秋山智久が「社会福祉哲学」という呼び方で構想した領域は、横山のいうようなソーシャルワーク的な意味での「福祉哲学」と、社会福祉界隈で慣用句化している「福祉の心」の議論を含めて総括的意味で捉えられる「福祉哲学」であるが、それは秋山自身がいうように従来の「福祉思想」とほとんど同義である（秋山 1982）。

第 **3** 章
福祉の理念としての人権

社会福祉学における人権論には、社会保障法学、運動論、福祉思想・福祉哲学の三つの系譜がある。社会福祉学における人権論の全体像を理解するにあたってこれらを統合的に捉え、社会福祉学における人権論としての特質や位置を見定めるために、本章では前章の議論をベースにして、〈目的概念としての社会福祉〉とその系としての〈福祉の理念〉との関係で人権を捉える。

まず社会福祉における人権観の特徴がその理念性にあると述べる（1-4）。そして生活感覚に結びついた一般的な人権観である〈理念としての人権〉が社会福祉学に親和的であるとして、社会福祉学における人権を〈福祉の理念としての人権〉として定位し（5-7）、社会福祉学における人権論の俯瞰図を示す（8）。もって、〈福祉の理念としての人権〉が社会福祉学全体に関わっているとともに、社会福祉学が〈福祉の理念としての人権〉によって一体的に成り立っていると構想できる。

1 社会福祉＝人権のイメージ

社会福祉学において多義的で理念的である人権を一体的に捉えるにあたっては、「社会福祉学は……」という文を「社会福祉学者は……」という文と読むことで理解が容易になる。賀戸一郎のいうように人権の由来や語法の正統はどうであれ「最も大切なことは、"人権"という言葉によって実現しようとした思想（考え方）の理解」である（賀戸 2010：56）。

社会福祉学は一つの学問として一定のイメージを有しているとしても、社会

福祉学者は数多く、各々が異なる仕事を担っている。しかし概して社会福祉学者は社会福祉と人権の意味が重なるように観念する傾向をもっている。このことは、少なくとも次の2つの信念に基づいている。

　一つは、幸福は個々人によって異なるものであっても、幸福追求のための諸条件としての社会福祉は何らかの内容と基準をもって共通に保障されなければならないという信念である。それは一番ヶ瀬康子の"happiness"と"welfare"の対照において示されている（一番ヶ瀬 1994）。同様に、幸福追求のための諸条件に関してニード概念を用いて理解しようとする傾向や、そのニードを人権との関係で捉えようとする傾向がそれであるし、また近年社会福祉学において言及される「ケイパビリティ」概念も幸福追求のための諸条件についての議論でありかつ人権に関する議論である。これらは体系化されるか単に列挙されるかはともかく、一定のリスト化が目指される。幸福と幸福追求のための諸条件の境界線は意味的であるため可変的で常に争われており、幸福という個別的なものに接近させていくことが要求されている。つまり幸福追求のための諸条件とは、もはや幸福を感じられるまでの実際の可能な限界であり、その限界を人権という権利の言語として争っているというべきである。この点において、社会福祉学者は社会福祉と人権において同一のイメージを獲得している。

　もう一つは、当該社会の"最後の一人"をも含めた全員が等しく幸福追求のための諸条件を保障されなければならないという信念である。この種の信念に至る筋道は宗教的信心であれ、理性的行論であれ、結論として全体ではなく全員に尊厳ある生が保障されるべきであるという信念に至ることで、社会福祉学者は社会福祉と人権において同一のイメージを獲得している（無論、人権は地球の裏側にいる一人を「全員」に含めるが、社会福祉学ではせいぜいこの研究コミュニティにとって愛着のある特定カテゴリの人々、という文脈は依然として残っている）。

　社会福祉学者が〈目的概念としての社会福祉〉のために分業しているのと同様に、社会福祉学における人権の多義性もまた、〈目的概念としての社会福祉〉のための分業的な知的営為として生じるものと捉えられる。

2　生存権と幸福追求権を基軸とした人権観

　理念レベルで社会福祉＝人権というイメージをもつ社会福祉学において、生存権と幸福追求権の扱いは特別である。

　一般に人権とは、人間が人間であることを条件として有している権利である。世界人権宣言の第1条では「すべての人間は、生れながらにして自由であり、かつ、尊厳と権利とについて平等である」とあり、日本国憲法の第11条では「国民は、すべての基本的人権の享有を妨げられない。この憲法が国民に保障する基本的人権は、侵すことのできない永久の権利として、現在及び将来の国民に与へられる」とある。このように定義されると人権は超時間的、超空間的に普遍性を有する権利であるかのようである。

　しかし実際には人権は西洋的な起源をもち、内容も時代とともに変遷してきた。すなわち人権は中世の封建社会から市民革命を経て近代化し資本主義が発展する過程で、思想的および法的に構築されていったものである。当然ながらこの物語をどのように読むかによって人権の捉え方は変わってくる。

　人権史の通説として、人権の第一義はまずもって統治権力＝政府から個人の自由が侵害されない権利としての自由権であり、人身の自由（不当に逮捕されないことなど）、精神の自由（信教の自由や表現の自由など）、経済的自由（私的所有や契約の自由など）がこれにあたる。この自由権は「18世紀型の人権」「第1世代の人権」といわれる。

　人権史においては13世紀イギリスの「マグナ・カルタ」、17世紀イギリスの「権利請願」や「権利章典」など、統治権力から権利を守る約束や制度にその思想的萌芽があるとして参照されることがあるが、これらは生まれながらにもっている普遍的な人間の権利、つまり統治権力や議会の立法権に先立ってあるとされていない点で人権とはいい難い。人権論においては統治権力や議会に先立って、あるいは無関係に認められる権利という考えが重要である（杉原1992）。その意味での人権の登場はT.ホッブズやJ.ロックなど17世紀の近代自然法思想およびこれに結びついた社会契約思想を経て、18世紀のアメリカ

の「バージニア権利章典」や「アメリカ独立宣言」、フランスの「人間と市民の権利の宣言」において法として現れ、自由権としての人権が成立したときとみなされる。

　しかしその後、資本主義社会の発展によって労働者階級や農民の貧困、不衛生、教育機会の剥奪などが社会問題として深刻化し、大多数の人々は実質的には自由権としての人権を謳歌できないこと、かつそれは社会構造上の必然的問題であって必ずしも個人責任に帰することができないことが明らかになった。

　そこでドイツのワイマール憲法を象徴とする「20世紀型の人権」「第2世代の人権」としての社会権が登場する。社会権には労働基本権や生存権、教育を受ける権利、社会保障を受ける権利などがある。これは自由権の実質化であって自由権と連続的に捉えうるものであるが、政府からの干渉を受けないとする自由権とは異質な、政府からの積極的働きかけを要求するものである。それは一方では弱肉強食の社会を維持するための政府からの譲歩という消極的な側面をもつ一方で、社会の被害者たる人々への救済が単に生存の確保という意味を超えて解放や自己実現、連帯といった意義を拡張して読みうる積極的な側面をもっている。

　さらに今日では「21世紀型の人権」「第3世代の人権」として、いわゆる「新しい人権」（環境権、人格権、知る権利、日照権、静謐権など）が登場している。日本では日本国憲法第13条に「個人の尊重」および「幸福追求権」として「すべて国民は、個人として尊重される。生命、自由及び幸福追求に対する国民の権利については、公共の福祉に反しない限り、立法その他の国政の上で、最大の尊重を必要とする」と規定されており、これが「新しい人権」を創出するものとして理解されている。幸福追求権は憲法学的には憲法上の人権の包括規定とされ、今日の人権の主体はまずもって幸福を追求し自由な生き方を選択する個人であるとされる。その意味で幸福追求権は自由権的な側面があるが、ここから生起する「新しい人権」は政府の施策による積極的保障を要求するものであり、社会権的な側面もある[1]。

　人権は個人の自由を自由権として第一義的に権利化し、社会権や「新しい人権」などをこの実質的保障のために権利化するという見立てをとる。しかし

社会福祉学においては歴史的理解として自由権が第一義であるとしながらも、もっぱら社会権としての生存権の意義を積極的に拡張して説く傾向にある。その意味で社会福祉学における人権観は憲法学あるいは憲政史における通念に倣っているわけではなく、特徴的な理解がある。

　社会権は、自由権が保障されるだけでは大多数の人々が実質的に自由を謳歌できないという認識から出てきたものである。その認識は社会権に対して単なる生存、また単なる自由の保障ではなく、それ以上の、生活の豊かさを実現しなければならないという理念を含んでおり、さまざまな目的、理念を投影できる余地をもっている。岡崎祐司は社会権が「資本主義の生産力を、社会的に人間を解放する方向で生かそうとする思想から生まれた権利」（岡崎 2005：25）であるという。京極高宣は社会権の一部である生存権を哲学的、法学的、社会福祉学的意味に切り分けてこれらを発展段階的に説明している（京極 1995）。

　また一番ヶ瀬康子は生存権を「生活権」と表現し（一番ヶ瀬 1994）、木原活信は生存権を「そのままで存在してよい権利」と表現している（木原 2014）。関家新助に至っては全体として国家論や人権史を生存権史に重ねているように読めるし、自由よりも生存、生存保障よりも生存権保障として人権を市民的政治的に意味付けながらも、人権のエッセンスを社会権という性質如何を超えた次元で生存権に収斂させているように読める（関家 2004；関家 2011；関家 2014）。

　こうして社会福祉学はさまざまな仕方で生存権の意味内容の充実を図ってきた。生存権は弱肉強食の資本主義社会を維持するための政府の譲歩という側面をもつ一方で、弱者の側の人々への救済が単に生存の確保という意味を超えて、解放、自立、自己実現など、より積極的な意味を拡張して読まれるものとなっている。

　人権論において社会権の登場は人権史上最も大きな変容の一つであり、単に自由権の自己修正として追求するものか、人間疎外に対する第一義的に重要な要素として生存権を追求するものかといった、扱いについての立場の違いがあるといわれるが（時岡 1996）、社会福祉学はどちらかといえば後者の意義に期待しており、ここに社会福祉学の人権に関する観念上の一つの特徴がある。

　法学的に人権という場合、無論それは生存権と同義ではない。しかし社会福祉学において生存権は「社会福祉、社会保障、公衆衛生の基本的な理念であると同時に、社会保障、社会福祉関係法の法源となっている」（旭 2012：220）として二重の意味をもって決定的に重要な位置を与えられている。この場合の理念とは、立法の趣旨といった法学的解釈の枠内にあるものというよりは、〈戦後〉の社会を構想するにあたってさまざまに表現される〈福祉の理念〉である。そしてそれが人権であると主張されるとき、政府に先立ってある権利として観念されるので、それは資本主義の論理に親和的であろうと、これを修正する政府の働きであろうと、帰結として尊重され実現されなければならない。そのように考えたとき、政府は伝統的な人権論が想定するような単に市民の自由な生を保障するための必要悪というよりは、むしろ理念化された生存権を実質的かつ全員に保障するための必要善としての意味をもつ。

　ただし社会福祉学はこのような生存権観をとりつつも、政府の施策が日本国憲法第 25 条の文言通りの「最低限度」に抑えようとするなどの理由から、生存権の意味内容を深めるほかに、13 条の「個人の尊重」及び「幸福追求権」など、他の規定にも言及する。

　例えば片居木英人は法学的な意味での生存権だけでは理念化された生存権の水準に満たないために、13 条の趣旨が導入されることで実質化し、この水準での保障によって「権利としての社会福祉」が実現するという見立てを示している（片居木 2001ab）。社会福祉学における人権の一つの源流である小川政亮においては、日本国憲法第 13 条や第 14 条を踏まえて第 25 条の意味に厚みが生じるが（小川 1964）、導出関係はともかく、生存権は幸福追求権など他の概念と融合的に捉えられることで、〈福祉の理念〉に適うものとなり、人権の意味を構成する（図5）。

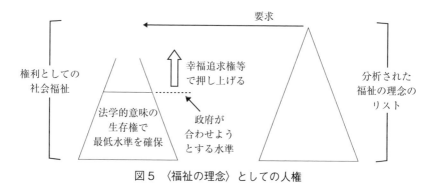

図5 〈福祉の理念〉としての人権

3 個人の尊厳？

　社会福祉学における最も中核的な価値は「人間の尊厳」である。これと日本国憲法第13条の「個人の尊重」、また第24条の「個人の尊厳」との関係はどうか。いささか難解な議論だが、これまでの議論をもとに明らかにできる。

　〈人間の尊厳＝理念1〉に対し、「個人の尊重」は生存権・幸福追求権としての〈人権＝理念2〉に含意される、一つの分析された概念にすぎない。つまり、尊厳ある生の必要条件として人間は個人として尊重される必要がある。これに対し、第24条の「個人の尊厳」という概念は、そもそもあまり適当な表現ではないと考えられる。

　以上のことを山崎将文の論文「憲法学からみた糸賀一雄の現代的意義」（山崎 2014）に拠って説明する。この論文は憲法学と社会福祉学の接点にあるものとして重要な意義がある。山崎は「糸賀の『人間の尊厳』に関する深い洞察は、日本国憲法二五条の生存権のみならず、人権の根拠や憲法の人間観と無関係ではないのではないか」（山崎 2014：14）と述べている。憲法学者には「個人の尊重」を「個人の尊厳」と単純に換言する傾向があるのに対して、糸賀は「個人」と「人間」、「尊重」と「尊厳」を分けて、以下のように区別していた。

〈個人の尊重〉

　孤立した個人の、他と比較しうる相対的な尊重

〈個人の尊厳〉

　孤立した個人の、侵しがたいほど絶対的な尊さ

〈人間の尊厳〉

　生命の代替不可能性、社会的な繋がり、発達可能性をもつ人間の絶対的な尊さ

　山崎によると、糸賀はこれらのうち、個人の自由意思によって他者の「人間の尊厳」を侵すことにも尊さを見いだしかねない「個人の尊厳」という言葉は用いない。山崎は日本国憲法には「人間の尊厳」という記述はないが、至る所に「人間の尊厳」を根拠としていると解すべき条文があり、憲法の基本原理の根拠や人権の根拠などにおいてその背後に「人間の尊厳」を認めざるをえないという。そして日本国憲法第13条の「個人の尊重」、第24条の「個人の尊厳」もまた「人間の尊厳」を根底に解釈されるとする。

　なお、遠藤美奈によると、憲法学において1990年代以降、13条などを参照することで25条の「健康で文化的な最低限度の生活」の意味内容を充実させる動きが生じており、この傾向には次のような意義があるとされる。すなわち、生存権における「生存」概念が、生き生きとした生命である善としての“aliveness”ではなく死から逃れるための生命、また所有・操作・管理可能な生命としての“survival”へとなりつつあるが、「生存」の意味内容を充実させることで善としての“aliveness”を生存権に再び組み込むというものである（遠藤 2012）[2]。これは生存権において、「人間の尊厳」を単なる生存＝生命ではなく、「個人の尊重」を満たした「生き生きとした生命」として捉えて基底しておく試みである。

　なお生存権を重視しその内容を追究していくこの傾向は「3・11後」という画期を設けられて今日も議論されている。渡辺治は25条と13条の関係には

いくらか異なる系譜と議論があるとしながらも、25 条の生存権に「人権の基軸的地位」の役割を与えようとしているし（渡辺 2012）、こうした流れから生存権を基軸にした人権体系の検討がなされてもいる（植松 2013）。これらは理念追求的な解釈行為であり、社会福祉学に近い発想がある。

　ただし渡辺はこのような傾向は日本国憲法の起草者意思からはずれているとし、また 25 条の「健康で文化的な」という概念は「有象無象の価値を放り込むずた袋であってはならない」（傍点ママ、渡辺 2012：202）とした上で、解釈的に憲法体系を再構成するべきだと述べている。これは社会保障法学系の流れを汲む社会福祉学者も同様の構えかもしれない。生存権の理念には賛同しても、そのための理念レベルの語彙を詰め込む頭陀袋であってはならないというのは、実定法レベルでの解釈による体系化、安定化が最も望ましい仕方であるという実定法学的理解に基づくものであろう。ただ社会福祉学としては「健康で文化的な」という記述が広範で厚みのある〈福祉の理念〉の表明と解して、さまざまな理念を込めたり読んだりして、追求し、また修正できる頭陀袋であってよいものとされてきた。

4　権利擁護について

　社会福祉学における〈理念2〉としての人権とは、人間の尊厳としての〈理念1〉の保障を目指し、〈理念3〉という多様な語彙に分節されるという、抽象的で動態的なものであるから、その像はある程度曖昧にならざるを得ない。しかしこれを換言すれば、社会福祉学における人権とはさまざまな〈福祉の理念〉との参照と評価によって柔軟に言及されるものである。

　人権というアイディアと何らかの結びつきをもついわゆる「権利擁護」もまた、法学的な語彙を用いるが、厳格な法的諸関係に基づくというよりあくまでそれを資源として使用しながら〈福祉の理念〉を追求する柔軟な営みとして表出するほかない。しかし人権と権利擁護との関係は明確ではない。平田厚は人権を対公権力や対社会的権力における「切り札」としつつ人権関係の実務を法務省の人権擁護事業に定位し、いわゆる「人権のインフレ化」のきらいから人

権と距離をとって権利擁護について議論している（平田 2012）。一方で山本克司は憲法上の人権規定の私人間効力に関する間接適用説に言及しつつ法学的範疇・語彙と社会福祉の援助の場面とを対応させており、権利擁護もこの観点から述べている（山本 2009）。

　人権と権利擁護の関係についてはいくらかのアプローチ、立場があり、今後も丁寧な理論的整理が必要である。ただ現時点で、権利擁護という次元で観念される諸権利は、実定法レベルの論理で完結するものではないということはいえる。むしろそれは非法学的であり、曖昧であり、理念レベルの人権と同じ次元で観念されるものである。権利擁護とは、いったいどのような思考と判断に基づけばクライエントの諸権利を真に守れるのかという実践的な問いを含んでいる。しかしそれは法的諸関係としての権利間の衝突の問題というより、何がクライエントの well-being に適うかという〈福祉の理念〉の追求の問題である。

　例えば社会福祉学における愚行権は、法的な権利の語彙で語られるよりも、倫理的ディレンマの場面における well-being の保障とこれに伴うパターナリズムの問題に関係するものとして、〈福祉の理念〉の語彙で語られる傾向にある。愚行権とは個人主義と自由主義から導かれる権利として、他人に迷惑をかけない限り個人の行動に干渉したり強制したりしてはならないというものであり、その対極にあるのがパターナリズムといわれる（渡辺 2000）。愚行権を尊重する場合には「愚行権は理性的根拠に優先する」（加藤 1991：44）ことになる。例えば煙草を吸うことは癌のリスクを高めるが、禁煙が利益になるという理性的判断が可能であるとしても、全面的に禁煙を強制してはならない。しかし副流煙による受動喫煙として周囲に健康被害を及ぼすという側面もあるので、そのような問題が適示されてはじめて禁煙や分煙についての時間的空間的配慮が検討される、という具合である。社会福祉関係で想定されている例としては、少ない収入の中で酒代が多くを占める人や、糖尿病を患いながらカップラーメンを食べようとする人に対して、家族としてではなく後見人などの支援者としてどう対応するべきか、といった問題である（成年後見センター2015）。

　こうした愚行権の根底にある自己決定という〈福祉の理念〉は自由権に関わっているし、自由権は人権論における最も伝統的で高次なものであるが、しかしパターナリズムを放棄しえない社会福祉学においては、自由でさえも〈福祉の理念〉のリストの一項目に過ぎない。より重要な価値は「人間の尊厳」であり、その指標は尊厳ある生への想像力であり、どのような判断がよりそれに適うかが個別具体的に判断されるのである。

5　理念としての人権の位置

　〈福祉の理念〉としての人権という前節までの議論は、社会福祉学における人権論の特性を示すものであるが、これは人権論一般と照らしてどのような位置をもちうるか。ここでは比較的厳格に人権の体系化が図られてきた憲法学を参考にしながらこれを見定めたい。

　憲法学において人権はまず実定法レベルのものと超実定法レベルのものに分けられ、主に前者がその考察対象とされる（松本 2007；高橋 2011abc；南野 2013）。戦後憲法学の基礎を築いた宮沢俊義は人権をまずもって前国家的にして実定法によって剥奪できないものと観念していた（宮沢 1971）。戦後憲法学における人権論は政治思想としての超実定法レベルの人権と「憲法上の権利」としての実定法レベルの人権とを啓蒙の観点から戦略的に混同する傾向があったが（石川 2002）、今日の憲法学では「憲法上の権利が人権を意味するといわれるのは、憲法とは独立に存在している人権を憲法が確認した上で明文化したと見なされている」（松本 2007：25）からであるという自覚の上で、憲法上の権利としての人権に主眼をおいている。

　超実定法レベルの人権については「実定法の世界の外にあるいはそれを超えたところで活発に生きて」いる「野性味豊かで活きのいいじゃじゃ馬みたいなもの」（奥平 1993：20、傍点ママ）という奥平康弘の表現がしばしば引用される。奥平はそのような超実定法レベルの人権が「そうであることに格別の意義をもっている」という。憲法学はこの次元の人権を「自然権」や「道徳的権利」、あるいは「背景的権利」（佐藤幸 1995）などの範疇・語彙をもって実定

法学の体系に含め、整理してきた。

　ただこれらはある権利主張が実定法化されることを期待する段階的意味で捉えられてきた節がある。結果的に憲法学における人権は、戦略的混同も相俟って、実定法レベルであれ超実定法レベルであれ、専ら国家を名宛人とした命令文として観念される傾向をもってアカデミズムの外部にある日本人の一般的な人権観と乖離するようになった。その人権観とは生活感覚に基づく素朴な理念レベルの人権である。

　そこで憲法学者の高橋和之はそのような研究者の態度を戒めつつ、超実定法レベルの人権においてあえて一般的な人権観たる〈理念としての人権〉という領域を設定した。

　　　人権を実定法上の権利ではなく、実定法が追求すべき人権と捉えれば、われわれ日本人の一般的な人権感覚と一致する。人々が人権という言葉で理解しているのは、まずは理念であり、そしてその理念が実定法によっても保障されているはずだ、あるいは、保障されるべきだ、という感覚ではないだろうか……（中略）……人権を勝手に憲法上の権利に限定して、日本人には人権が国家に対する防御権であることが理解されていないと批判するのは、専門家の身勝手というものだろう（高橋 2005：126、傍点は引用者）。

　専門家でない一般的な人権観によって描かれる理念レベルの人権を〈理念としての人権〉というそのままの表現で人権「論」に位置づけたことは注目に値する[3]。結論を先取りしていうと、社会福祉学における人権とはまずもって実定法化されているはずの理念を起点にし、また社会権＝生存権中心にイメージされる日本の一般的な人権観と親和的であるゆえに〈理念としての人権〉として位置づけられ、いわば〈福祉の理念としての人権〉としての人権観をもって理解できる。

　高橋のいう一般的な人権観としての〈理念としての人権〉とは、すでに保障されているはずの人権を指す。そこにある日本の一般的な人権観は、概して人権を社会権や人格権、平等権を中心に観念しており、また政府を人権侵害の主体というよりも私人間における人権侵害から保護する主体として観念している

とされる[4]。そしてこの議論の先行研究としての佐々木允臣による日本人の人権観の分析（佐々木 1998）、すなわち①人権を対国家ではなく私人間関係において捉えている、②国家を人権の侵害者ではなく保護者として考えている、③自由権より社会権を強調している、という分析に同意している（高橋 2005）。

このような一般的な人権観の特徴は基礎法学においても言及されてきた。法理学者の田中成明によると、法学においては権利義務の相関関係が比較的明確な私法上の権利を典型的な法的権利として理解し、人権はこれと異なる論理を要求される。ところが一般的な人権観においては漠然とした日常的な要求まで含んでいる上、私権と人権の関係についても法学的発想とは逆に人権がその権利全般の中心に据えられている。よって法学者と国民一般の間には大きな「ズレ」が生じることになる。

　　人権をめぐる専門的議論と通念的感覚の間に、相当のズレがみられるだけでなく、権利・人権侵害の判断基準として、身近な生活環境の破壊に対する防御本能とか、日常的な精神被害感情などが大きなウエイトを占めている。全般的に、日常生活の安定・安全あるいは安心感の保障一般といってよいほど、かなりあいまいで漠然とした利益や要求まで、権利・人権として了解されている（田中 1986：14）。

また、生活感覚に結びついた一般的な人権観について田中は「独特の生存権感覚」と表現している。

　　人権中心の拡散した権利観念について、さらに興味深いことは、自由権と社会権との原理的区別があまり意識されておらず、日常生活に密着した利益や要求をもともかく公権力機関の力を借りてでも、確保し実現しようとする、独特の生存権感覚がその基層を成していることである。そこには、個人的安全の権利をはじめ、人間が人間として生きる権利という、近代的な自然権的人権と、健康で文化的な生活のために公権力機関の積極的配慮を請求するという、現代的な社会権的人権とが一体となって含まれており、国家の干渉を排した市民の自律的生活と国家による市民生活への配慮・介入との原理的緊張関係の自覚は、概して乏しいように思われる。このような独特の生存権感覚を基層とする権利感覚は、環境権をはじめ、生活環境の保全や整備に関する諸々の新しい権利が、ほとんど人権とし

て主張され、その根拠条文として、幸福追求権に関する憲法一三条と生存権に関する二五条とがいっしょに挙げられている事例が多いことなどに象徴的にあらわれている（田中 1986：14-5）。

　このような人権観が現代も依然根強いことを確認できる資料として、NHK放送文化研究所の意識調査「日本人の意識」（最新版 2018 年度）がある。この意識調査のうち「権利に関する知識」についての設問は、以下の〈ア．思っていることを世間に発表する〉〈イ．税金を納める〉〈ウ．目上の人に従う〉〈エ．道路の右側を歩く〉〈オ．人間らしい暮らしをする〉〈カ．労働組合を作る〉のうち、憲法によって国民の義務ではなく権利ときめられているものを複数回答してもらうものである。その回答結果が表1である[5]。

　「憲法が保障する権利」と「憲法が保障する人権」とが別である点に一応注意が必要であるが、それにしても「表現の自由」を人権であると理解した人の割合が半数を切ってかつこの 40 年間で低下しており、生存権の方が高いことは、法学的常識に反する傾向といわなければならない。

　あくまで推測の域をでないが、団結権を人権とみなす人の割合がこの 40 年間で約半分になったことや、納税の義務を人権と誤解している人の割合が「表

表1　日本人の権利に関する知識と意識

	1973	1978	1983	1988	1993	1998	2003	2008	2013	2018
ア．思っていることを世間に発表する	49.4	45.8	44.0	43.4	43.4	39.0	37.2	36.2	36.4	29.8
イ．税金を納める	33.9	35.5	39.8	37.2	39.5	42.0	42.2	42.8	46.8	43.8
ウ．目上の人に従う	5.6	5.7	8.3	7.7	6.7	7.0	6.6	7.1	8.0	6.0
エ．道路の右側を歩く	19.9	19.3	18.8	16.5	15.3	15.5	14.6	14.9	14.8	12.2
オ．人間らしい暮らしをする	69.6	69.6	77.2	76.3	75.2	75.5	75.5	77.1	77.9	74.2
カ．労働組合をつくる	39.4	36.0	28.9	27.1	25.5	23.0	20.4	21.8	21.7	17.5
キ．わからない、無回答	7.8	7.0	4.3	6.0	5.7	4.3	5.0	5.4	3.9	4.8

※数値は％（NHK 放送文化研究所　第 10 回『日本人の意識』調査（2018）より筆者が整理）

現の自由」を人権とみなしている人の割合よりも多いところをみると、法知識
云々とは別に、単純にその時代の市民が生活感覚として重要視しているものを
人権ないし憲法上の権利とみなす割合が高くなる傾向があると考えられる。田
中の分析の通り、ここには自由権と社会権の混同 ── 生活感覚から人権を捉え、
理念化された生存権＝生活権を中心にするために、政府からの自由である自由
権と政府による自由である社会権が未分化の状態 ── がある。

6　福祉の理念としての人権

　人権侵害を私人間において観念しうるとし、生活上の諸問題を公的責任に基
づく生存権保障の問題と接続させ、25条と13条を統合的に捉えて人権とする
「独特の生存権感覚」ともいわれる一般的な人権感覚は、他学問ではどうであ
れ、社会福祉学にとってはそれほど不自然なものではない。社会福祉学が想定
している生活問題ないしニードの類は、その多くが、資本主義社会における私
人（私企業）の経済活動と関係した公害、差別、格差、貧困などに関するもの
であり、あるいは私人間におけるDVや虐待、差別に関するものであった（た
とえ国家の似姿としての家族や、国家から家族に至るまでのあらゆる社会的形
式を相似形たらしめる家父長制的、封建的構造を見いだすフェミニズム的、家
族社会学的発想はあるとしても）。
　通常、日本国憲法の第一義は政府に対する国民側からの命令であるから、こ
の限りでは憲法上の人権を国民側が侵したり護ったりするという想定をもた
ない。しかし社会福祉学ないし社会福祉専門職においては、憲法上の記述に照
らしながらあらゆる人々の人権を尊重し護らなければならないと理解されてい
る。それは社会福祉が政府の積極的介入という社会権保障の実務としてその
エージェント的役割を引き受けているという事情もあるかもしれない。しかし
何よりも社会福祉学における人権の位置が、そもそも日本国憲法であれ法律で
あれ、諸々の法学的な範疇・語彙を借用して表現される〈福祉の理念〉にあり、
これに照らして社会福祉サービス利用者の生活を守るという使命に基づいてい
るからであろう。それは政府サイドか国民サイドかという見方はともかく（実

際、両方が社会福祉の担い手である)、社会福祉学や社会福祉専門職に関わる人々の共有する信念として〈福祉の理念としての人権〉があるということだ。

　尊厳ある生が損ねられていれば、そのことによって人権は損なわれている。そのような状況に対して〈実体概念としての社会福祉〉の必要を訴え、政府の積極的介入の必要を説き、怠惰を糺し、社会改良を目指してきた社会福祉学にとって、人権とは生活感覚たる一般的な人権観に親和性を求められる下地がある。というより社会福祉の実践者とは、その実践においてアカデミズム外の人々の生活感覚に寄り添って、共感したり代弁したりしていくべきものなのかもしれない。それは以下の二点の理由による。

　一つは、すでに述べてきたことだが、社会福祉学は社会権たる生存権を中心に人権を観念しており、これを生活権の保障として国民の生活感覚に接近し、第 25 条と第 13 条を順接し融合的に捉えつつ、これを獲得していく役割をもっていることだ。一番ヶ瀬は国民の生活感覚に寄り添って問題認識を形成するこの学の性向を次のように説明している。

　　　ことに、社会福祉学は、なによりも、今、生活することに何らかの問題をになっている人びとに対する社会方策の在り方を把握することを優先する。それだけに、その「問題」の具体的な現実、生活障害認識からはじまる。そして、その生活障害の個別性のなかに社会性を見いだすために、必要な諸科学を動員して問題の原因を明らかにする。したがって社会福祉学では、まず発想法がそして帰納法的展開が重視される（一番ヶ瀬 1989：9-10）。

　生きづらさを抱えている人々の生活上の諸問題を理解し、そこに社会構造的な問題を探っていくという発想が社会福祉学にはあり、帰納法的現象理解が奨められる。その出発点として国民のリアリティに接近することが求められる。そこに見いだされる生活上の諸問題が何らかの社会構造によって引き起こされるものであり、偶然的な事柄が一定の必然性をもっていたことが発見される場合、個人の問題は特定の状況、特定のカテゴリの人々の問題となり、それに宛てた〈実体概念としての社会福祉〉が要求される。この要求の権利が人権としての生活権であり、それを代弁し主張するのが社会福祉学ないし社会福祉専門

職の役割である。

　また、佐々木允臣がいうように日本の一般的な人権観が形成される背景には、そもそも日本人が人権と呼ぶべき権利を獲得した際、それは社会権であったという事情がある。

　　　人権らしい人権を日本人が初めて手にしたとき、つまり食料の配給から始まって高度経済成長を遂げ経済大国として日本再生を果たしていく戦後数十年の時期に、民主主義権力へと変貌した国家は、所有権の制限を容認する労働基本権・生存権の優位性を認めて勤勉な労働力を確保し、いわば「官民一体」を体現するための格好の道具立てとして役立ち、必要・善として実感させるような役割を果たしたと言えよう（佐々木 2016：158）。

　このことに関する佐々木の評価はいささか消極的であるが、社会福祉学の立場からいえば、社会福祉の公的責任を追及するという態度をとりながらも、別角度からみれば、政府の積極的介入を「必要・善」とはいわないまでも、〈福祉の理念〉の実現の手段として実際上必要な、あるいは有益なものと想定している。

　次に、そもそも生活権要求としての人権が生起し主張される段階、あるいはこれを実務レベルで保障する段階に関することとして、近年の社会福祉の専門職には「反省的実践家」という専門職観や、実践の中で「人権感覚」が求められているという点も重要である。かつて谷昌恒が人権は社会福祉の実践者と研究者とを繋ぐ共通項でありながら同時に厳しく峻別するものであるといったとき、個別具体性、身体性を欠いた法学の一般理論的抽象性がその峻別の要因とされた（谷 1973=2010）[6]。

　　　人権の概念は、いわば、思索と現場をつなぐ共通項であった。そこに、私どもは研究と実践との幸福な調和をみた。しかし人権の概念は、同時に、研究者の立場と、現場の立場とをきびしく峻別することにもなり得るのではあるまいか。実践者を突き動かすものは、個々人の運命への関心であり、個々人の明日への憂慮であって、けっして人間一般ではない。……（中略）……自らの仕事に、ほとほと徒労を覚えるとき、立ちはだかる巨大な壁の前に、絶望的な空しさを味わうと

き、なお、現場の人間を支えるものは、ただ一人の少年、一人の老人、一人の寡婦、あるいは、一人の障害者との、全く一回的な、個性的な結びつきである。……（中略）……人権は守られているかという問いの、守るというその営みそのものも、きわめて具体的な、個々の場に対応する行為のあり方が問われることであって、およそ一般論の範疇ではない（谷 1973=2010：81-2）。

　社会福祉学の人権は理念的であるが、それは〈理念１＝人間の尊厳〉を実際の個別具体的場面においていかにして守るかという営みに関わっており、尊厳ある生、尊厳の失われた生に向き合い、尊厳ある生への想像力をもって向き合う実践との対話を前提している。真っ先に理念を理論のごとく当てはめることを前提としているのではない。

　近年、援助論の領域において D. ショーンの「反省的実践者」（Schön 1983=2001）としての専門職観が注目されている（例えば、沖倉 2006；空閑 2012；畠山 2015）。このとき着目されるのが、実践の最中にあって生じては消えゆく暗黙の「わざ」としての探求の思考である「行為の中の省察」と、行為後の意識的なふり返りの思考である「行為についての省察」である。これらの省察が、実践者にとって、実践の中で形成してきた理解の意味を問い、自身が依拠してきた理解の枠組みを再構成し、発展させていく過程をもたらす。

　人権とは双方の省察に関わっている。前者は、社会福祉専門職には生活上の身近なところから学び洗練させていくべき感性的な「人権感覚」が求められるとか（賀戸 2010；黒木 2014）、制度・政策論的な「ハードな人権」に対して他者との関係性という援助論的課題の中で発見される「ソフトな人権」に着目するという場合（木原 2014）に関わる。それは非法学的あるいは非アカデミックな人権観であり、個別具体的な行為実践の中での気づきや省察、自己修正の力を重視する。後者は個別具体的な実践者の行為が依拠する枠組みの再構成のための反省に係るものであり、ここにきてはじめて抽象的な語彙が意味を持つ。

　ここでも先述の実践者、谷の言葉を引いておこう。

　　社会福祉という世界には、そうした直接的な結びつきがはじめにある。反省は

　その後のことである。その反省の媒体として、人権というような概念が存在するのである（谷 1973：84）。

　研究者の語彙が一定の抽象性を帯びることは当然であるが、社会福祉学における人権の位置は、まずもって超実定法レベルの〈福祉の理念としての人権〉という、なるべく固有の範疇において見定められる。〈福祉の理念としての人権〉には単に実定法化の前段階としての生活上の要求という意味だけでなく、社会福祉専門職が生活感覚たる一般的な人権観と繋がりを持ち、また社会福祉専門職の反省の材料としての人権の語彙を与えるという意義がある。このような要素が認められるところに、社会福祉学に通底する人権の基本的性格がある。

　法学的に誤った知ともいえるかもしれない一般的な人権観と、これに親和的な〈福祉の理念としての人権〉に対して、研究者であれば法教育などの啓蒙が不足していると考えるかもしれない。しかし社会福祉専門職は市民の生活感覚、生活問題に接近して人権を保障する立場であるから、理論的ないし思想的に、まずもって超実定法レベルの〈福祉の理念としての人権〉として定位できるのである。

7　内包と外延

　政策論においてもまず〈福祉の理念〉に基づいて、その手段的な議論として実定法レベルの人権論を構想している。

　小川政亮の人権（A）に対する説明では「いわば国政の全体がその保障を目的として、すなわち日本国憲法の表現をもってすれば、すべての国民の有する『健康で文化的な最低限度の生活を営む権利』をすべての国民に保障することを目的として構成され、運用されることを要求する権利である」（小川 1964：123）と表現されている。小川は人権に関して個人の尊重（13 条）と平等権（14条）を踏まえて生存権（25 条）を保障するという構想を示すなど、憲法学的な語彙を用いているが、理念化された生存権、すなわち超実定法的な人権の実

現にとって有用な手段として憲法や法律等を位置づけている。「社会保障の人権性を強調するのは、人間の尊厳、平等の実質化要求が生存権要求の基礎だということであり、社会保障はその一環」（小川 1989：224）である。

　なお、今日の憲法学における人権は、基本的には自然権的な発想をもっていると考えられる。例えば、憲法学者がソーシャルワーカーに向けた説明を用いれば「人権を、憲法学では『自然権的な性格を有するもの』というように位置づけています……（中略）……『国家があって、国家が国民に権利を与えたから権利ができる』のではない」（中村 2003：4）という具合である。自然権的見地から人権を想定することは、憲法学において理性的な行論を成立させる過程で補助として数学記号的に観念する必要があるのかもしれないが、根源よりも未来に志向性をもつ社会福祉学においては決定的というほどの必然性をもたない。

　話を戻そう。小川は生存権の実質的保障のために「生存権主体たるべき人々」に求められるものとして「生存権意識」という概念を提示している。それは以下のような意識を指す。

　　　我々の生活と健康は守られねばならない、それも単なる生存としてではなく、
　　人たるに値する生活として……（中略）……わが国にあっては国家の最高法規で
　　ある憲法が、それを保障し、その要求にこたえることを国政上の至上命令として
　　定めているではないかという意識（小川 1964：172、傍点は引用者）

　これは立憲主義や国民主権の文脈での主権者意識のみならず、社会福祉の精神でもある。小川の「単なる生存としてではなく、人たるに値する生活として……（中略）……その要求にこたえることを国政上の至上命令として定めているではないか」という「生存権意識」は、先の高橋のいう「その理念が実定法によっても保障されているはずだ、あるいは、保障されるべきだ」という一般的な人権観における感覚とオーバーラップする。

　社会福祉学では、社会保障法学における人権論の意義を、社会改良に関する何らかの価値判断を伴う社会福祉原論のフィルターをもって捉える。日本国憲法は〈戦後〉の社会改良の起点であり、小川のいう「生存権主体」たる国民の

側の「生存権意識」に基づいて勝ち取ったり護ったりする意志やその帰結としての社会環境の変化を想定している。

ここに法のテクストに対する柔軟な運動論的視点、換言すれば、法のテクストを現在に関する実在論というよりも未来に関する意味論ないし構築論として捉える視点、その意味での民主主義の視点がある。その視点は〈福祉の理念としての人権〉に基づいて〈実体概念としての社会福祉〉のあり方を規定するという見立てをもっている。

社会福祉理論におけるいわゆる運動論もまた、そのような小川の議論の性質を、理論以前の精神から継承し、社会福祉学のさまざまな研究者を結びつけていると考えられる。

> 社会福祉の理論化を考えたときに、みんなに通じる広場というものをまず第一に設定する必要があると思うのです。キリスト教であろうと、仏教であろうと、マルキストであろうと、その思いをつぎ込んで、そして現実の世の中に表現したい言葉、というのが私は"人権"ではないかと思っています（阿部・秋山・一番ヶ瀬ほか 1989：314、傍点は引用者）。

人権に「思いをつぎ込んで」さまざまな立場をもつ社会福祉学が一つの体をなしているという発想は、ひとり一番ヶ瀬だけのものではない。このことを、社会福祉原論における「社会福祉とは何か」という問いをめぐる〈内包／外延〉の議論を参照して説明する。

田中治和は「社会福祉」の概念を、歴史貫通的な共通性質たる〈内包〉と、政策的に反映される適用範囲たる〈外延〉に分けた上で、歴史研究と社会の現状の両面からの分析で社会福祉を捉えようとした（田中 1994：7）。このとき田中は社会福祉を〈実体概念としての社会福祉〉として捉えた上で、〈内包〉も何らかの制度・政策・サービス上の機能や性質として捉えたようである[7]。

しかし〈内包／外延〉という観念区分においては、〈内包〉を共有可能な価値として捉え、〈外延〉を制度・政策・サービス体系、およびその性質や機能として捉え直すこともできる。横山裕は田中の議論に対してそのような〈内包／外延〉の観念の仕方を採った。そして、かつて池田敬正が提示した問いであ

る、社会福祉が万人に肯定される普遍性をもちながら現状として25条の生存権規定に拘束されていることをいかに理解するかという問い（池田 1986）について説明を与えている。すなわち〈内包〉が現在の具体的な社会的要請に対応するために25条の生存権規定に照らされ、〈外延〉の意味での〈実体概念としての社会福祉〉として表出しているだけである（横山 2003）。

　横山はかの本質論争について「争点は『外延』に対処するための社会的観点から導き出される社会福祉の本質であり、『内包』部分を追及したものではない。そうすると、結局、先に述べたように各研究者の社会福祉観に規定された多種多様の仮定的・限定的な社会福祉の定義を認めるか、あるいは憲法25条かということになってしまう」（横山 2003：90）と述べている。〈実体概念としての社会福祉〉に着目した論争においては、25条の生存権としての人権が社会福祉学者にとっての一つの落ち着きの場だった。人権は〈実体概念としての社会福祉〉に結びついた実定法レベルのそれと、〈目的概念としての社会福祉〉に結びついた理念レベルのそれとの二重の意味をもつ。この〈内包／外延〉の出入口として両者を繋ぐ人権という媒体があって、さまざまな立場がありながらも社会福祉学は成り立ってきた（図6）。

　しかしこの〈内包／外延〉関係において人権を捉えると、〈福祉の理念としての人権〉は実定法レベルの人権の以前にあるもの、あるいは背景にあるものとして消極的に捉えられる。このことは、福祉思想・福祉哲学の研究者の知的態度に関係している。

　彼らは「原理」という概念を「根源」なり「原初」なりの概念に結びつける傾向にある。「原理」なるものを社会福祉の研究コミュニティにおいて必然的に共通に関係しているものとし、目にみえないものを、何か地に埋まったものか、われわれの足元を支える地盤というイメージで語っている。それは地のイメージであるが、不必要に神聖ぶった摂理的なものであり、たとえ無自覚でもすでに人間世界の真理に「ある」ものとしてイメージされる。

　しかし共通にもつべきイメージとは、はたして必然的にすでに「ある」ものだろうか。いまだ「ない」ものではないか。常には「ない」が、共有され実践され追求されて「あるはず」のものではないか。それが理念であり、それは見

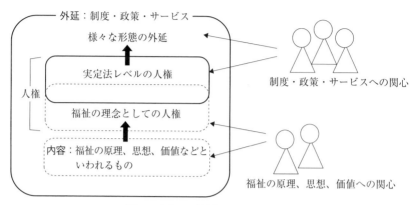

図6　内包―外延としての一体性

えてはいるが手の届かない天にあるものである。そして天のイメージであって
も、神聖ぶった摂理的なものでもなく、人間が自らの意志でそれに向かって進
むための方向性を与え、また人間が柔軟に修正を加えられる実際的なものであ
る。それは（無形で不可視なのをいいことに、何も論証も解明もしていないの
にそうしたかのように福祉哲学者が主張するような）地に埋まったもの、根源
や原原初として足元を支える地盤のようなものではない[8]。

　以上を踏まえ、〈目的概念としての社会福祉〉と〈福祉の理念〉に基づく社
会福祉学の視点から図6を再構成したものが図7である。

8　社会福祉学における人権論の俯瞰図

　社会福祉学において人権という概念は、理念と実体を繋ぎ、社会福祉学とい
う研究コミュニティを繋ぐ極めて重要な概念であるとされてきた以上、〈内包〉
のような消極的なイメージとして社会福祉の価値なり思想なりを捉える傾向を
相対化することが望まれる。

　基礎法学的なアプローチで「権利としての社会福祉」を論じる秋元美世によ
れば、超実定法レベルの〈福祉の理念としての人権〉も、道徳的権利、背景的
権利、第1次的権利といった何らかの他領域の体系に位置づけることができそ

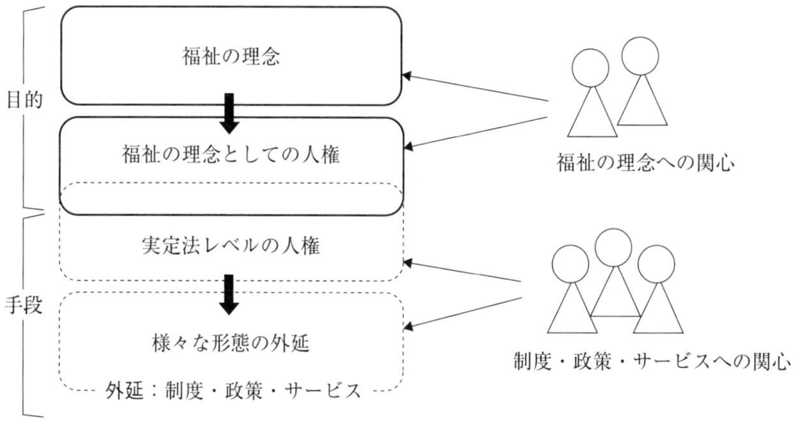

図7　目的 ― 手段としての一体性

うである（秋元 2003：秋元 2008）。しかしそれらのような表現では、社会福祉学における人権を「権利としての社会福祉」の思想的背景、あるいは実定法の以前にあるものとして、理念レベルの人権の意義が後景化する。

　〈目的概念としての社会福祉〉に基づく社会福祉学においては、法学的範疇・語彙を通して日本国憲法に訴え社会権としての生存権を要求するという社会保障法学の見立てを必然とするわけではない。「権利としての社会福祉」論は実定法化の過程、そのための訴訟運動などの社会運動に着目するので、その意味で実定法上のテクストとは常に問いと評価にさらされた暫定的なテクストである。

　〈目的概念としての社会福祉〉とその系としての〈福祉の理念〉を実現するためのあらゆる手段、道を視野に含めつつ、誤解をおそれずにいえば法学の範疇や常識とは無関係に、〈福祉の理念としての人権〉という曖昧でときに文学的なコンテクストから具体的な実定法上のテクストを読むし、実定法上のテクストと無関係なあらゆる事物や行為に人権の尊重と実現を追求する。それが対人援助も含めさまざまな仕方で社会変革を目指す社会福祉学における人権の第一義としての〈福祉の理念としての人権〉である。

　したがって〈福祉の理念としての人権〉は実定法の具体的テクストの思想的

背景ではないし、以前にあるものでもない。それはテクストの読み手の意思にあり、テクストの内容、すなわち理解、解釈に関わるところにある。便宜の上で実定法学の範疇・語彙を用いてその体系上のある程度の位置を見定めようとすることと、実定法学の範疇・語彙に本質論的に収まろうとすることは、別のことである。

　「権利としての社会福祉」に関する法学的理解としてはいわゆる抽象的権利説に基づく反射的利益であるとして定着している。秋元は社会福祉学における人権とはそもそも憲法上の権利であるものの、超実定法レベルから議論を詰めておく必要があるとして、道徳的権利としての社会福祉の実定法化、また社会的効用や反射的利益論からくる権利論への対抗としての補強された道徳的権利論について議論している（秋元 2003）。そして「これまで主になされてきたのは、福祉給付をめぐって不完全義務を完全義務へと転換させていくための理論的検討であった」「権利保障に向けて不完全義務を取り扱うための方法もまた求められるようになってきている」（秋元 2014：11）と述べ、企業の社会的責任や、合理的配慮といったソフトローについて言及している（秋元 2010；秋元 2014）。

　そのような議論はすでに各論的性質をもった議論として実体的に充実されていくものであり、筆者が示すところの〈福祉の理念としての人権〉はそれを視野に含めた総論的な人権論である。同じ超実定法レベルの人権について筆者と秋元で異なる言語ゲームを行っているかのようにもみえるこの差異は、それが〈目的概念としての社会福祉〉と〈実体概念としての社会福祉〉という古典的二分法に対応しているからである。筆者は前者の立場にあり、前者は後者を包含する。

　さて、社会福祉学における人権を理解するにあたって、これまで〈目的概念としての社会福祉〉と〈福祉の理念〉に基づき社会福祉原論の議論に照らしつつ人権の性質を述べてきたことを踏まえて、俯瞰的に図示したい。その際に参考になるのが、人権の機能に関する A. センの議論である。

　センは人権の宣言を第一義的には倫理的要請〔ethical demands〕であるとし、その表現としての人権の意義を 3 つに分ける。すなわち、社会的認知と

位置づけの承認によって人権の倫理的な力が実際上の力となることを期待する「認知の道」〔recognition route〕、組織的な擁護活動によって人権侵害を監視し、要求を行ったり社会的圧力をかけたりしようとする「揺動の道」〔agitation route〕、そして「立法の道」〔legislation〕である。実定法化はあくまで人権の「一つの重要な使い道」〔an important *use*〕である（Sen 2004：327）。ここで人権はその主張にあたって採られる方法、あるいはもちうる実際的効果に着目されて相対的に理解されている。

　このような人権理解と同じく実際的な働きに着目して〈福祉の理念としての人権〉を第2章の目的手段関係の体系に当てはめると、第1章で述べた社会福祉学における人権、すなわち社会保障法学、運動論、福祉思想・福祉哲学における人権観を俯瞰できる（図8）。図8の実線部分はセンの3つの道に完全に対応しているわけではないが、これを参考に、人権理解において目的実現のための実際的効果に着目し、実定法化の道（立法の道）を相対化している。

　①の研究について、社会保障法学、運動論、福祉思想・福祉哲学の3領域はいずれも社会福祉学一般に通ずる〈福祉の理念としての人権〉を構成できる。社会保障法学は日本国憲法のテクストとその解釈に大きく依拠してこれを構成

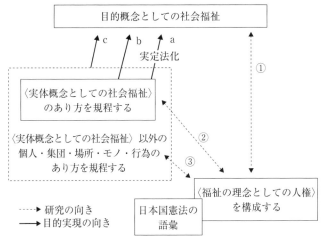

図8　社会福祉学における人権論の俯瞰

し、福祉思想・福祉哲学は社会福祉原論において各論者のアプローチでこれを構成する。運動論はこの中間といったところであり、〈戦後〉の日本社会の構想を与える日本国憲法の理念を重視し、生存権を「生活権」と読むなどしつつこれを構成する。

〈福祉の理念としての人権〉はそれ自体が、①にあたる研究として、望ましい社会像、すなわち〈目的概念としての社会福祉〉に説明を与えるし、また②にあたる研究として、制度・政策・サービス体系つまり〈実体概念としての社会福祉〉のあり方を規定する。両者は相互参照的であり、社会の変化とともに修正される。

②の研究について〈目的概念としての社会福祉〉が目指される仕方が分かれる。政策論的視点からいえば人権の実現には公的責任として実定法化が要求されるが（a）、援助論的視点からいえばそれは必然ではなく、またそれが公的責任かどうかも問わず、社会福祉専門職の技術や価値の表現実践によって実現が目指される（a および b）。

さらに福祉思想・福祉哲学の立場からいえば、その実現の仕方は制度・政策や社会福祉専門職の実践に限らない。つまり〈実体概念としての社会福祉〉に入らない個人、集団、場所、モノ、行為などあらゆる事物がその射程に入る。

ここに③の研究と c の方向が確認される。1970 〜 1980 年代以降の社会福祉政策の縮減に応じて期待が寄せられるのは国家責任ではない非「社会」福祉的な資源であり、この時期に登場する「社会」を外した研究領域は、〈目的概念としての社会福祉〉に基づく研究として③にも適応的である。

③の研究は、政府に政策レベルで〈福祉の理念としての人権〉を実現させるのではなく、また社会福祉専門職に援助レベルでそれを要求しているのでもない。国民の側にその実現のための活動を要求している点に特徴がある。非専門職である国民一人ひとりの行為が〈福祉の理念〉に合うものになることで、それ自体〈目的概念としての社会福祉〉に寄与する（c）。

その意味とは別に、③の研究に関して、国民が人権を追究することには意味がある。それは公的責任の転嫁としての「日本型福祉社会」「新しい連帯」の文脈に沿うものとみなすこともできるが、むしろこの傾向を打開するための、

非専門職を含めた権利意識の醸成と連帯においても意味をもちうる。すなわち人権という概念を日本国憲法の法解釈上の公的責任・国民の権利性という狭義に捉えず、「独特の生存権感覚」といわれようとも一般的な人権観に近い〈理念としての人権〉として捉えることで、あらゆる人々が「その思いをつぎ込んで、そして現実の世の中に表現したい言葉」（阿部・秋山・一番ヶ瀬ほか1989：314）としての人権を追求し、連帯できるようになるという期待が込められる。そしてこの連帯によって〈実体概念としての社会福祉〉のあり方を追究することで、その修正と社会改良のための土壌がつくられるという、aおよびbにも向けた働きへの期待も込められる。

〈戦後＝日本国憲法＝人権＝生存権・幸福追求権 ⇒ 権利としての社会福祉〉の図式においては、憲法が国民による政府への命令として機能する立憲主義と、国民の側の民主主義の精神が必要条件である。そこで命令する当の国民の側に命令の内容たる人権の尊重、主権者たる自覚、そして連帯の意識が求められる。換言すれば、国民の側が敬意を払い、尊重し、守るべき日本国憲法や人権という発想が出てくる。

この点、嶋田啓一郎による憲法と人権の理解は、論争性もあるが相応の重要性をもっている（嶋田 1969；嶋田 1989）。嶋田は「国民の生活規範としての成文憲法」という理解から国民側に人権の尊重が求められるとする。

　　敗戦という異常な環境において制定された日本国憲法ではあるが、「基本的人権」を問題とする今の私たちにとっては、一面には超歴史的な普遍性の意味を含むと共に、他面には国民が、国民福祉を内容とする平和国家の人民として、人権意識をゆたかに湛えるこの憲法に、誇りを感じるようになってきたことは、敗戦の貴重な代償として、高く評価する必要がある。イデオロギーの存在制的原理からみれば、日本人の半封建的意識の残滓を背負う社会的状況では、「人権」という近代思想の所産としてうまれた価値体系には、国民意識としては、少なからず後追いを余儀なくされる後進性を孕んでいることは、否定できない。その時、国民の生活規範としての成文憲法が、人権意識の能動的な形成因として働く役割には、注目すべきものがある（嶋田 1989：17）。

「国民の生活規範としての成文憲法」という発想は、日本国憲法の身体、す

なわち法学的な実定法解釈から得られる権利義務関係としてはありえない。「国民が憲法を作る」のであるから、嶋田の「国民の生活規範としての成文憲法」という表現では「憲法が国民を作る」ものとして、転倒した発想である。しかし戦後の数十年において、嶋田がいうような国民意識の後進性ゆえに、能動的に人権保障を求める意識を形成するまでは日本国憲法がその教科書的役割を果たすという見立てをもつのも仕方なかったのかもしれない。日本国憲法の精神、すなわち〈戦後〉の構想に係る理念と向き合うべき必要は国民の側にもあるので、その土壌の上に日本国憲法の身体のあり方が追求されなければならないのである。

「国民が憲法を作る」ことの延長にある意識が、先の小川政亮のいう「生存権意識」である。社会福祉学にとって、その意識を確かなものにするのが社会構造上の不正義たる社会問題に係る社会科学的認識であり、「生きづらさ」ともいわれる生活問題やニードに係る人文学的認識である。「社会権の復権」がさけばれる今日もその意義は失われていない。③にあたる議論として可能性をもつものはなにか。そしてそのエッセンスはどのようなものか。

③の研究に関する議論として、研究対象としてあえて政策論からも援助論からも距離をおき、またアプローチとしてあえて「社会」からも「社会科学」からも距離をおいて、さらにいえば「社会福祉」からも距離をおいて、そのオルタナティヴを追求したのが、一番ヶ瀬康子が後期に開拓した福祉文化論である。

福祉文化論は、日本国憲法に照らして人権を直接に政府に訴える仕方に比しては遠回りだが、それも含めて社会福祉の発展を可能にするための民主主義の精神を「文化の福祉化」の実現によって肥やすものである。それはいわゆる生きづらさと社会福祉の関係を経験と想像力によって身体感覚として共感し、もって社会的合意を通した新たな制度・政策・サービス体系を創造する力を得る可能性をもつものである。

次章では福祉文化論について概説し、その可能性について述べる。

注

1)　なお、国際人権法の領域では 20 世紀後半に「発展の権利」や「民族の自決権」など、集団の権利も登場している。

2)　遠藤の "aliveness" "survival" という対置については I. イリイチと E. フロムの対話が参照されている。この対話は Cayley. D., 1992, Ivan Illich in conversation, House of Anansi Press（=2005、高島和哉訳『生きる意味―「システム」「責任」「生命」への批判』藤原書店）。

3)　〈理念としての人権〉について、高橋（2006）においては「個人と社会の関係を規律する価値」であり、「社会の中で生存する個人に最低限必要な、社会により承認・保障されるべき地位が何かを議論する領域」（高橋 2006：51）と限定されて説明されている。本書では本文で引用した「日本人の一般的な人権感覚」という高橋（2005）の意味で参照する。

4)　高橋は内閣府大臣官房政府広報室の「人権擁護に関する世論調査」（平成 15 年度）を参照している。この最新版は平成 24 年度であるが高橋の分析に係る内容は変化していない。

5)　データは NHK 放送文化研究所「45 年で日本人はどう変わったか（1）〜第 10 回「日本人の意識」調査から〜」https://www.nhk.or.jp/bunken/research/yoron/pdf/20190501_7.pdf より閲覧可能（2020.4.1 時点）

6)　谷の論稿について、本書では秋元美世編著（2010）『リーディングス日本の社会福祉 5：社会福祉の権利と思想』（日本図書センター、76-85 頁）を使用した。

7)　この場合の〈外延〉については、古川孝順が近年の社会福祉の動向の一つとして「外延的拡大」があると述べていることや（古川 2012b）、船曳宏保のいう「外延」（船曳 1986；船曳 1993）も同様の用法である。

8)　筆者は先に社会福祉学において「思想」「原理」「価値」「理念」といった語があまり厳密に区別されていないがそれでもよいと述べ、「理念」という語を基軸とすると述べた。それはあくまで社会福祉学において〈目的概念としての社会福祉〉が共有されており、そこに帰結として諸々のアイディアが収斂するからである。どうも福祉思想・福祉哲学の研究者は、格調や体裁を欲してのことか、あるいは自分の言葉で語ることが苦手だからか、自らの関心を積極的に理念とはせず、あえて「根源」「原初」「内包」というように、包まれ、隠されているものとして消極化しておき、それを解明するというような、大掛かりな仕方を好む。

第4章

福祉文化論とその人権論

　第2章では〈目的概念としての社会福祉〉に基づく社会福祉学という視座について述べた。それを踏まえて第3章では社会福祉学における人権の位置を〈福祉の理念としての人権〉に見定めた。そして〈福祉の理念としての人権〉を起点とする人権論のいくつかの研究上の道について述べ、政策論・援助論的な人権保障とは別に、国民側の民主主義と連帯の精神が醸成され、人権論に反映される必要があると述べた。つまり従来は前章図8の②が社会福祉学における主流的な人権観であり、aおよびbが運動の主流的な筋道であったが、1980年代以降のさまざまな動向から、aおよびbに影響を与える③の必要性が確認されたのである。その領域を担うものとして期待されるのが運動論の代表的論者であった一番ヶ瀬康子が後期に開拓した福祉文化論である。

　本章ではまず、一番ヶ瀬の福祉文化論の登場背景に関する議論として、社会保障法学や運動論の前提をなす連帯と共感について概説する（1）。これは前章図8の③に関心を向けていく流れに関する議論である。次にこれを担いうるアプローチとしての福祉文化論の登場背景を述べる（2）。次に福祉文化論の可能性を展開的に理解し、また課題を理解するにあたって、福祉文化論に近似した構想をもついくつかの議論を参照する（3）。そしてそれらの課題を意識した上での福祉文化論の展開可能性として、一番ヶ瀬の運動論と福祉文化論の関係と共通の意義について述べる（4）。最後に（4）で得られた運動論と福祉文化論の共通の意義に関して、社会福祉学における人権論の可能性としての人権文化という構想を示す（5）（6）。

1　連帯の条件としての共感

　一番ヶ瀬康子の運動論が台頭するのは1960〜1970年代にかけてである。運動論における社会福祉とは国家独占資本主義における労働者階級を中心とした国民の生活問題（労働力の再生産過程における問題）に対応する生活権保障として登場した制度・政策・サービス体系であり、政府による他の諸施策と関連しながら実施される。

　当時の日本は高度経済成長期であり、国民皆保険、皆年金が確立し、国民所得は上昇したが、人口の都市集中、住宅事情や交通事情の悪化、公害、非行、保育サービスを必要とする家庭の増加などの課題があり、生活感覚として豊かさを必ずしも確信できる社会状況ではなかった。労働運動や学生運動、環境運動、消費者運動が活発に起こり、美濃部亮吉の革新都政など革新自治体が出現し、社会福祉が政治的イシューとして相当の意義をもった。そこには市民意識に根差した民主主義の精神があり、〈戦後＝日本国憲法＝人権＝生存権・幸福追求権⇒権利としての社会福祉〉という図式があった。

　運動論は福祉国家の確立を目指し社会福祉に積極的意義を見いだすものであり、生活者の生活問題と制度・政策・サービス体系との間を繋ぐ社会福祉実践と、これを強化する社会福祉教育を重視しつつ、生活権や社会福祉運動といった視点を通して孝橋らの旧政策論に対して新たな視角を与えるものであった。そこでは社会福祉専門職が中心となって行うソーシャルアクションとは（協働するとしても）一応別に、あらゆる国民が自らのこととして運動に関係する側面をもち、「国民の下からの社会福祉事業要求の運動」（一番ヶ瀬1964：228）、すなわち「最初は同じ生活の悩みをもつものの『相互扶助』からはじまり、その後『組織的なひろがり』をみせ、さらに『権利としての社会福祉事業要求』へとかわっていった運動」（一番ヶ瀬1964：225）、また細分化した「諸運動間の連絡・統一」と「各種の研究活動と要求運動との連合した進展」（岩田1975：252）として、その意味で民主制に基づきこれを活かすダイナミックな運動が期待されていた。

　運動論においてはそのような民主主義の観念が〈戦後〉の構想における必要条件であり、それは〈戦後〉の象徴たる日本国憲法を通して公的責任・国民の権利性を前提として観念される。〈戦前〉における社会福祉政策の対象者はその提供に係る基準の厳しさゆえに例外の人々のように受け取られ、国民全員との連帯が困難であり、運動が生じにくい状況があったが、〈戦後〉においては日本国憲法を中心に展開される法体系によって全国民が権利の主体として確認され、対象者が自ら運動に参加したり、児童や精神障害者などにおいては他の専門職や組織がその声を代弁したりすることで、連帯する国民という一体的な感覚が運動の条件として認識できるようになった（真田 1975）。そして「社会福祉運動にとっては、こうして、社会全体の民主主義を発展させることも目指さなくてはならないものである」（真田 1975：60）と認識されるに至ったのである。

　この意味での社会福祉とは社会福祉運動と国家との政治的な相互作用の中で登場する、国家の譲歩である。福祉元年といわれた1973年に第1次オイルショックが起こり高度経済成長も終焉を迎えると、日本においても福祉国家に代わる国家のビジョンが求められ、さまざまな理由から社会福祉削減が正当化され、いわゆる臨調行革路線の流れに至る。

　ここにおいて民主主義と国民の連帯という運動論的視点には、対政府のための団結に留まらない連帯、高度経済成長という時代的社会的背景に規定されない生活保障のための連帯の必要性が生じ、また高度経済成長を背景にもたらされた金銭的物質的な社会福祉への問い直しの必要性を自覚することになった。

　社会福祉理論としても1980年代には三浦文夫の経営論が台頭した。これは従来の「政策」の主体を国家から相対化して地方自治体や民間事業者レベル、つまりマクロレベルからメゾ・ミクロレベルに目を向け、その内容も貨幣から非貨幣へと目を向けるものであった。〈戦後＝日本国憲法＝人権＝生存権・幸福追求権としての社会福祉〉という図式に基づく公的責任は、政策主体の変化において間接化し、その内容も従来の直接的な経済的生活保障に限らないものとなった。

　運動論においては、一方で日本国憲法の身体である実定法の機能という規範

性を通して国家の譲歩としての「権利としての社会福祉」を獲得する従来の方向性をもちつつも、実際の社会福祉の担い手としての機能が国民側に寄ってきている状況にあって、日本国憲法の精神たる〈戦後〉の構想に関して、これを命じる側である国民側が問い直す契機となった。

　嶋田啓一郎は「国民の生活規範としての成文憲法が、人権意識の能動的な形成因として働く役割には、注目すべきものがある」（嶋田 1989：17）と述べ、日本国憲法の身体・精神の両面の意義を認め、そこから国民の自発的な連帯を促す役割を期待している。そこで嶋田はユートピア思想やヒューマニズムを評価し、物心両面の貧困に対抗する人格主義に基づく人権観を示した。それは宗教的人間観に限定された人権観ではなく、ヒュームなどのイギリス経験論における人間本性としての「共感」〔sympathy〕の経験が、人権の中核的価値である「人間の尊厳」への気づきを与えるのであった。

　この共感の経験こそ〈戦後＝日本国憲法＝人権＝生存権・幸福追求権＝権利としての社会福祉〉を追求する国民側の連帯において重要な要素となる。なお、社会改良の条件として、人権以前の連帯、連帯の条件としての共感という点で、糸賀一雄が同様のことを述べている。

　　　障害や欠陥があるからといってつまはじきする社会を変革しなければならない。しかし変革は突然にやってくるのではない。社会のあらゆる分野で、人びとの生活のなかで、その考えや思想が吟味されなければならない。基本的な人権の尊重ということがいわれる。しかしその根本には、ひとりひとりの個人の尊重ということがある。お互いの生命と自由を大切にすることである。それは人権として法律的な保護をする以前のものである。共感と連帯の社会感情に裏付けられていなければならないものである。共感と連帯の生活感情に裏づけられていなければならないものである（糸賀 1968：15）。

　糸賀は、人権を追究する視点には「人権として法律的な保護をする以前のもの」として「共感と連帯の感情」を伴っていなければならないという。

　糸賀は社会福祉士ではない。当然のこと、ばかげたことのように思われるかもしれないが、それが意外と重要かもしれない。本来、社会福祉の実践者は前

章図8の、つまり〈実体概念としての社会福祉〉の実施主体としてのaおよびbの筋道に向かうことを本質化していない。社会福祉の実践者は、特定の専門職のミッションによって方向づけられる以前の、abcのいずれをもその視野に含め、研究と実践の対話を経ながら社会改良を目指すものであったはずだ。そしていうまでもなく人間の共感能力による連帯はabcのいずれをも通底して発揮できるものである。

2 一番ヶ瀬康子の福祉文化論

以上、1960〜1970年代の運動論における民主主義による連帯の発想と、これに関して1980年代の人権において意味をもつと期待された「共感」の観念である。

前章図8の③の可能性として言及したところであるが、国民側が人権を何らかの形で追究することには意味がある。それは公的責任の転嫁としての「日本型福祉社会」「新しい連帯」の文脈に沿うようにみえるかもしれないが、諦念ではなく、むしろこの傾向を打開するための、いわば「急がば回れ」としての非専門職を含めた、というより非専門職をメインとした連帯への期待がある。一番ヶ瀬康子は1980年代後半に国民側の新たな連帯の仕方を追究し、従来の運動論に対するオルタナティヴとして福祉文化論を開拓するに至った。

福祉文化とは何であり、福祉文化論とはいかなる領域か。社会福祉学における位置づけとしては、運動論の旗手であった一番ヶ瀬が後期に開拓した領域であり、「未完の福祉文化論」といわれる（田畑2013）。福祉文化論とは、少なくとも理論としては「未完の」ものである。

当の福祉文化論においても、まず「福祉文化」という概念が不明瞭であることはしばしば指摘されてきたところである（例えば、馬場2005；岩間2010）。今日ではこの概念の定義に正面から取り組んで疲弊することを避ける方向にあり、福祉文化論は何かしらの社会福祉的活動に関する実践報告的な議論が盛んである。そのため「福祉文化」概念を扱うにあたっては、実践の現場や活動内容の多様性を反映して、その広さを特徴とする（國光2005）。

　「福祉文化」を正面きって検討する場合には、「福祉とは何か」「文化とは何か」という基本的な考察を踏まえて言葉を合成し、創発的に「福祉文化」の定義を試みようとする傾向がある（一番ヶ瀬 1997a；増子 2017）。一人ひとりが幸福を追求するための条件としての well-being を意味する「福祉」と、環境に働きかけてより善なるものを生み出し耕すというラテン語の cultura を意味する「文化」の合成語として理解される（一番ヶ瀬 1997a）。

　福祉文化は、実体的に捉えると、遊び、レクリエーション、趣味など、日常的でボランタリーな営為を指す場合が多い。目的ないし理念として抽象的に捉える場合には、「福祉の文化化」と「文化の福祉化」をスローガンとして望ましい社会像を描き、これを追求することから目的概念としての意味がある（増子 2006；増子 2017）。そしてその目的に対して、「日常生活の中から具体的に実践的に創り出していく、編み出していく活動であり運動であり、それらのつながり」（片居木 2001c：5）という動態的意味も生じる。

　したがって福祉文化は拡張的な志向をもち、自分たちが文化的生活を謳歌することとともに、他者もそのような生活を謳歌できる社会の実現を目指す。福祉文化論はその理念と実践の双方に着目して成り立つ。

　ではなぜわが国で「福祉文化」概念が必要とされ、社会福祉学において福祉文化論が登場するに至ったのか。わが国で初めて「福祉文化」という言葉が使われたのは 1962 年の灘生協であるが、福祉文化論の登場としてはその後 1989 年の一番ヶ瀬らによる福祉文化学会（現・日本福祉文化学会）の設立を画期とするのが通例である。

　福祉文化論が登場する背景として、まずは福祉文化論に内在する積極的意義を説く議論から確認する。この文脈での福祉文化論の登場背景は大きく次の 4 点に分けられる。

　1 点目は、20 世紀の反省や学びとして、物的豊穣主義ではなく精神性も重視されるべきだという認識の高まりである。モノ・カネ・サービスとしての社会福祉を獲得するのではなく、生活感覚として感じられる豊かさを国民自らが追求する必要がある。これに関する記述として、福祉文化学会（現・日本福祉文化学会）を創立し入会の申し込みを呼びかける一番ヶ瀬の文（全文の一部）

がある。

　　ところが現状はと言えば、現在の福祉は『福祉が人を殺す』とさえ言われる
　ことがあります。また、経済大国と言われ、一世帯あたりの平均貯蓄高は1千万
　円を超えたと言われながら、自分自身の足元をふと見たとき、『豊かさって何?』
　と小首を傾けることはありませんか。『どうしたらもっと人間として豊かに生き
　られるんだろう?』と自問自答したことはありませんか。『福祉』を私たちが豊
　かに生きることをサポートするものだと考え、『福祉』にそんな息吹きを吹き込
　ませることはできないものでしょうか。そこで私たちは……『人間が豊かに生き
　る』という選択肢をつくりあげるための研究・実践を行う学会として、"福祉文
　化学会"を設立しました。この学会で、『福祉としての文化の創造』を多くの人
　と考え、語り合おうではありませんか(一番ヶ瀬 1997a:7)。

　高度経済成長を背景に、法的権利を主張し、国家の譲歩としてのモノ・カネ・
サービスを享受したが、オイルショック以降の経済情勢、また少子高齢化の深
刻視から社会福祉のあり方が見直され、あらためて「豊かさって何?」と問う
機会が得られた。この点、中村剛は福祉文化論に対して「法制度に基づく社会
福祉の基盤となるだけでなく、法制度に基づく社会福祉では届かない福祉ニー
ズ ― イグナティエフ(Ignatieff = 1999:21)がいう友愛、愛情、帰属感、尊
厳、そして尊敬といったニーズ ― に対応し、人と人との温かな結びつきを可
能にするであろう」(中村 2009b:22)と述べている。政策や援助を補足する
ような位置づけともとれるが、「友愛、愛情、帰属感、尊厳、そして尊敬」は
人間として不可欠な欲求に関わる部分であり、社会福祉として第一義的に重要
であろう。
　2点目は、いわゆる「社会福祉の普遍化」に伴って「量を増やす」のみなら
ず「質を高める」必要性の認識の高まりとしても語られる。一番ヶ瀬は、福祉
文化が登場したのは誰もがさまざまな社会福祉の制度・政策・サービスを必要
とする「社会福祉の普遍化」の中で、量ではなく質を求める必要が生じたから
であり(一番ヶ瀬 1997ac;一番ヶ瀬 2007)、従来の社会福祉の「暗い」イメー
ジから「明るい」福祉へと転換させる上で必然的であると捉えている。

　　社会福祉は、国民的課題となるに従って、従来の暗いみじめなイメージあるい
　は偏見と差別をはらんだ対応から、明るい当然の方策あるいは誰でもその人権を
　保障するものへと変化してきたのである。その過程で福祉の質への高まりへの要
　求はより強まり、福祉の文化化が望まれているのである。その歴史的過程で出現
　してきた用語が福祉文化である（一番ヶ瀬 1997a：2）。

　福祉文化論にみられる「量より質を」「物の豊かさより心の豊かさを」とい
うのは、社会福祉学の諸領域に限らず、1980 年代の典型的な物言いである。
一番ヶ瀬の福祉文化論もまたこの時代の風潮を表す典型的な反応であった。福
祉文化論は従来の社会福祉学における制度重視の傾向、経済学重視の傾向、客
観主義の傾向、傍観的傾向に対して、生活や人生の総合的な捉え方や、創造的
な提案の必要性を認識し、その対案として、文化的生活という視点において新
たな社会像を描く意図があったとされる（永山 2004）。

　ただ、「福祉の普遍化」に絡める一番ヶ瀬の議論には池田和彦による厳しい
批判がある。すなわち、多くの人々が人生のどこかで社会福祉の制度・政策・
サービスを利用すると想定される時代になり、その段階に至って「ことが自分
を含む多数者の問題となれば大慌てで水準を上げろ、文化的な福祉を、と叫び
出す」というのは「甚だエゴイスティックな注文」である（池田 2001：4-5）
というものである。そして池田は「そもそも社会福祉とは『貧しくて家族のな
いものにのみ』『対応するという選別性の方策』として存在してきたのだろう
か。明治期に制定された恤救規則ならいざ知らず、氏もその運動論的体系から
発言してきた戦後の社会福祉が本当にかようなものだったのであれば、新しい
時代の福祉文化どころではないはずである」（池田 2001：9）と批判する。こ
こには、なぜ一番ヶ瀬自身が関わってきた従来の「社会福祉のイメージを、こ
れほどまでに貶める」（池田 2001：9）必要があるのか、という疑問がある。

　「福祉の普遍化」と福祉文化論の登場について一番ヶ瀬にそのような意図が
あったかはともかく、このような批判ないし疑問が生じるのも不自然ではな
い。実際、一番ヶ瀬は「今までのような暗い消極的な福祉を、誰でも、いつま
でもやられたらたまらないですよね。皆、暗くなってしまいます」（一番ヶ瀬
1997c：82）と述べ、福祉文化論の意義を述べるために従来の社会福祉や社会

福祉学の課題を強調している。せいぜい「福祉の普遍化」は、すべての人々が社会福祉に関係しており、各々の生活感覚や思考的精神的習慣に基づいて社会福祉に関わり、well-being を目指す時代になったので福祉文化論を活性化させる気運の一つとなった、という程度の意味で理解するべきかもしれない。ただ池田の批判は福祉文化論のスローガンでいうところの「福祉の文化化」の部分に関する批判を含んでおり、「福祉の文化化」などに新規性やオリジナリティはないという意味において同意できる。したがってこの議論は福祉文化論の可能性を理解する上で参考になるものであり、後に参照することにする。

　福祉文化論が登場する背景として、3点目に専門職主義への批判があり、4点目に大学教育の専門学校化・就職予備校化への失望がある。これらは同時に説明しなければならない。福祉文化論は、行政とそのエージェントとしての社会福祉専門職が主導する地域福祉という総合マネジメント化の流れに批判的であり、大学外、専門職以外のさまざまな人々の表現、創造の実践の中に福祉文化の実現を期待する。また福祉文化論は大学が専門職養成という名の資格ビジネスを通して受験予備校化・就職予備校化し、大学ならではの思想的理論的探究や歴史的文化的教養の場の提供を放棄していく流れに失望し、資格ビジネスと無関係な福祉文化論という領域を観念する。

　一番ヶ瀬は特に大学教育への批判の文脈として、福祉文化論が登場する1980年代末に、国家資格である介護福祉士と社会福祉士が登場し、大学教育において国家試験に関係のない科目（特に生活構造論や社会問題論などを含む社会福祉原論系の科目）が外されたか周縁化されたことで「社会福祉教育が違っちゃったんですよ」（一番ヶ瀬 2007：11）と述べている。大学の国家資格＝専門職主義への傾斜に対する失望と、そこから転じて、あえて国家資格と関係の薄い福祉文化論という新しい領域への期待があったと考えられる。

　　国家試験なんかは、アメリカやなんとかって人の7大原則なんてものがあって、当てはまらないものにはバツをつけなさい。そんなものを頭に入れたって何の役にも立たないですよ。……（中略）……それはそれでやりながらもね、もっと熱い胸でクリエイティブにどんどん新しい福祉のあり方を地域から創りだして

いく。そういう動きをやっぱりしっかりしていく必要がある。そういうものを私は福祉文化という言葉に込めているわけです（一番ヶ瀬 2007：16）。

　以上の 4 点は「福祉に関わる全ての人」（＝要するに誰もが福祉を意識する時代におけるすべての国民、生活者）（一番ヶ瀬・桜井・河畠ほか 1997：9）によってまず福祉文化という文化の創造を目指すというコンセプトに結びつき、福祉文化論に内在する意義から論じられる登場背景である。このような背景から、福祉文化論は従来の社会福祉学の体系から離脱するとはいわないまでもあえて批判的に距離をとって構築されてきた側面がある。

　福祉文化論の根底にある価値は、実践から善を追求し、また善なる精神の醸成を条件としてすべての人の well-being を追求するものである。そして well-being を追求するための諸々のアイディアは、生活の根底にある文化性に踏み込んで探求される。こう換言できるかもしれない。従来の社会福祉学は正義（社会正義）を価値として権利義務などの法的関係を問うて国家責任＝譲歩としての社会福祉を獲得しその範疇で実践する規範的な正義のプログラムであったが、福祉文化論は国民の自由な文化的活動（スポーツ、芸術、冠婚葬祭 etc.）による参加、発信、協働、創造という善のプログラムである、と。

3　近接領域にみる福祉文化論の課題

　しかし福祉文化論のもつ文脈はそのようなポジティヴなものだけではない。福祉元年といわれた 1973 年に第 1 次オイルショックが起こると、わが国においてもさまざまな理由から福祉国家が批判され、社会福祉の縮減が正当化された。社会福祉理論としては 1980 年代には三浦文夫の経営論が台頭し、1980 年代後半〜 1990 年代には社会福祉学において「社会」を取り除いた一連の「福祉」の議論が隆盛する。すなわち、福祉思想・福祉哲学、人間福祉学、福祉学、地域福祉論、福祉コミュニティ論、福祉のまちづくり論、福祉教育論、そして福祉文化論がそれである。そして社会福祉士養成の科目「社会福祉原論」も「現代社会と福祉」となり、社会福祉という概念そのものの軽視に向かって

いる。

　「社会」を取り除いた一連の「福祉」の議論に関わる研究者や実践者には、そのような流れに与するつもりなどないという人もいるかもしれないが、いずれにせよこのポリティカルな文脈に無自覚でいるわけにはいかない。実際これらの諸領域で社会福祉運動の発展が抑制されるポリティカルな傾向に自ら迎合していく危険性についてはある程度自覚されている。そこで、近接領域を参照し、その課題意識を確認し、福祉文化論に戻ることにする。

　福祉文化論に近接する領域に地域福祉論ないし福祉コミュニティ論がある。これはアメリカのコミュニティ・オーガニゼーション論（以下、CO 論）を源流とする[1]。CO 論にはニーズと社会資源を効果的に適合させるニーズ・資源調整説と機関・団体・個人の相互関係を調整するインターグループワーク説がある。ニーズ・資源調整説は牧賢一が、インターグループワーク説は牧のほか竹内愛二がわが国に導入する上で主力となっていたが、いずれの CO 論にも市民たる住民が主体となる民主主義の精神が意識されていた（例えば、竹内 1953：牧 1966）。

　CO 論を源流としつつ、住民主体の原則に基づき地域社会を組織化し、生活上の困難を抱えた人びとを代弁する機関や団体を組織化させる組織化説の立場をとったのが岡村重夫であり、「福祉コミュニティ」概念の研究は岡村の『地域福祉論』（光生館、1974 年）を嚆矢としている。岡村は地域福祉の要素を①コミュニティ・ケア、②一般的な地域組織化活動・地域福祉組織化活動、③予防的社会福祉に分節し、これらの要素の掘り下げと連関の理解によって地域福祉の全体像を掴めるとした上で、福祉コミュニティ論を②に位置づけている。

　1970 年代の経済危機と超高齢化論により地域福祉がその時代的要請たる福祉見直し、コミュニティ・ケアに関するキーワードとして着目される中、全社協が社会福祉政策の動向を注視しながらニーズ・資源調整説を重視する立場をとる一方で、都道府県以下の社協は住民の主体性を尊重して組織化説を重視する立場をとるという、二極状況があった。地域福祉論はこの 2 つの流れをもったまま三浦理論に裏付けられた 1979 年の全社協『在宅福祉サービスの戦略』を経て在宅福祉サービスの供給と充実を目指す社協の活動論として再編される

ことになり、福祉コミュニティ論もこの中に位置づけられることになる。

　福祉コミュニティを実体概念として捉える場合、社会福祉協議会による事業や在宅福祉サービスのネットワークが想定される。それは社会福祉の政策主体を地域に転移することで社会福祉を「地域福祉」へと変質させ、ボランタリーな営為を社会資源として利用するという側面をもつ。小野達也は「地域福祉が推進されながら、しかし、その進め方が内包する問題点への対応が適切でないために、結果的に地域福祉が先細っていくこと」を「地域福祉の隘路」と呼んでいる。その現象の一つとして「民間団体や住民が資源として利用され疲弊」することがあるため、「中央から下りてきたベクトルが、生活の場である地域まで到達した時が地域福祉の完成、終着なのではなく、それを反転させる必要がある」と指摘している（小野 2014：29）。

　福祉コミュニティ論に類似の議論として、1970 年代に勃興した福祉のまちづくり論がある [2]。これは 1960 年代の一連の障害者のまちづくり運動を源流として発展したものである。発展の実態的背景として高度経済成長下での急激な都市構造の変化による社会的ハンディキャップ層の生活困難の顕在化、また思想的背景としてノーマライゼーションやインテグレーションといった理念の導入があり、特に阪神淡路大震災を契機に活性化した。震災のあった 1995 年には現在の「日本福祉のまちづくり学会」の前身である「福祉のまちづくり研究会」が設立され、法学、社会福祉学、経済学、工学、医学、建築学、造園学、都市計画学などさまざまな領域の学際領域が形成されている。福祉のまちづくり論にはすべての人の住みよいまちづくりと民主的な社会づくりという発想がある。それを支える主体は住民グループ、建築家やデザイナー、研究者のほか民間企業が想定され、自治体はその一つとされる。一番ヶ瀬はこの「福祉のまちづくり研究会」の会長を務め、地域福祉の文脈では福祉コミュニティ論などに比してこの福祉のまちづくり論のほうに積極的に言及している（例えば、一番ヶ瀬 1999bc；一番ヶ瀬 2000；清水・一関・一番ヶ瀬ほか 2000）。そこではまちづくりにおいてハード面はもちろん、文化的な日常生活を創造的に追求する下からの、あるいは公私協働の取り組みの姿勢が求められる。

　さらに福祉文化論に近接する領域として福祉教育論がある。福祉教育論は戦

後 20 年の社会福祉実践の集積の中からその輪郭が形成されてきたものであり、これも地域福祉化の流れにおいて時代的社会的に求められるようになったものである。福祉教育にはその実践の場、枠組みにおける類型があり、大橋謙策によると①学校教育体系における、教科、特別授業、道徳教育として行う教育、②学校教育体系における、将来の社会福祉活動に従事する専門職の養成に係る教育、③市民に対して社会福祉理解を促す市民教育としての教育の 3 つがある（大橋 1987）。ここでは福祉文化論への関心から③に着目する。

　福祉教育論は、ある政治共同体の成員であり統治権力との関係で捉えられる「市民」を対象としながらも、想定される実践は福祉事務所や社協などが主体となって行うボランティア・スクールや講演会などであるから、実際には単に地域の「住民」がその対象として観念される側面をもつ。その場合、福祉教育論は地域福祉論の範疇で捉えることができるか、少なくとも大きく親和性をもつことになる。そして単に活動の場や単位が地域社会であるのみならず、特にボランティア振興などはそれであるが、その存在意義として地域の社会資源、さらにいえば「日本型福祉社会」の文脈で観念される余地がある。

　　　福祉教育の目指すところは、社会福祉を教養として学ぶことではない。<u>福祉課題を自らの生活課題として捉え、解決していくために必要な理解・意識・技術を自己開発していく</u>ことを援助するところにある（木谷 1987：145、下線は引用者）。

　　　地域住民が福祉教育活動に参加する機会には、社協や公民館、学校などで開催される福祉学級・講座や福祉講演会などのに参加する場合や、通信教育や宅配学習サービスなどを利用する場合などがある……（中略）……"集める"から"集まる"福祉教育、"学ぶ"から"学び合う"福祉教育への転換がはかられ、学習成果を"分かち合い""高めあい"、そして<u>学習成果を地域社会に還元するための活動が展開される</u>、そういう福祉教育の推進が望まれる（阪野 1993：22、下線は引用者）。

　福祉教育は地域福祉論ないし福祉コミュニティ論の範疇内で捉えられると、「行政によるボランティアの包絡化が進み、マンパワー対策の一環として

ボランティアの確保と養成のための福祉教育の推進がはかられている」（阪野
1993：24）という流れに順接するものとして観念される。住民という観念の
裏面にはやはり市民ではなく無償ないし廉価な人材がある。

　そのようなポリティカルな福祉教育論のイメージを上乗せするのがいわゆ
る「福祉の心」である。福祉教育論において「福祉の心」とは「人間の尊厳と
人間性を尊重することを基盤とする心情であり、態度、行動」としての「自立
と連帯」の精神を支えるものとされ（阪野 1998：17）、重要な意味をもってい
る。これはしばしば「思いやり」や「優しさ」など素朴に表現されるので誤解
を招きやすい。「福祉の心」の意義をどのように認め、どのように観念される
べきかは後に考察するとして、福祉教育が「権利としての社会福祉」の代わり
として「福祉の心」のように個人の心情や態度にクローズアップしているよう
にみえる点には注意が必要である。つまり、福祉教育はややもすると国家責任
としての社会福祉の転嫁の流れ、在宅福祉サービスの流れ、地域福祉計画など
の計画化の流れに位置づけられ、無償ないし廉価な人材の育成に資する側面を
もつ点への注意が必要である。

　したがって福祉教育論もまた福祉コミュニティ論と同じ流れに収斂しうる。
一番ヶ瀬は福祉教育の領域で陥りやすい実践として、(1) 幸福な生、福祉的な
生をめぐる倫理的教育、宗教的教育、価値観を与える教育に終始する場合、(2)
日常生活に焦点化し、障害者や高齢者との接し方、エチケットなどに終始する
場合、(3) 社会福祉にのみ焦点化し、制度・政策の学習に終始する場合がある
という。いずれも社会改良の視点が欠如している。そして福祉教育とはいずれ
におさまってもいけないのであって、「"福祉" 教育とは、さまざまな価値観を
前提としながらも、"人権" をまもるものとして、日常生活における不断の努
力を媒介にし、"社会福祉" を 焦点にした実践教育」（一番ヶ瀬 1987：6）で
あると述べている。

　また、先述の大橋は福祉教育が求められるいくつかの理由を挙げており、そ
の中で「ハンディキャップをもった人々を中心とする国民の憲法意識の深ま
り、とりわけ人権感覚の深まりによって、衣食住の最低限保障だけが、"健康で、
文化的な生活" ではなく、自己の存在を意識し、存在を意識できる豊かな社会

交流の場をもつ生活権の拡大と確保こそが重要との認識」（大橋 1987：23）が広まり、それが住民一般の意識として共有されはじめ、地域ぐるみの運動が求められているとし、また国際化時代にあって「日本の経済、文化、政治はますます国際的規模で考えねばならず……（中略）……世界の飢えに関心を寄せ、世界的視野で日本の存在、自分の存在を客観化できる力が求められている」（大橋 1987：25）と述べている。このような自覚は、市民を住民として、また住民を無償ないし廉価な人材として観念する時代的要請に反して、住民を市民ないし国民として置きなおし、地域を超えて国家のあり方、国際社会の中のわが国のあり方へと向かわせるものである。このような実践の方向づけが重要である。

　以上、福祉文化論に近接する地域福祉論、福祉コミュニティ論、福祉のまちづくり論、福祉教育論について述べてきた。これらの議論に社会福祉運動を促す視点があったとしても、実際の活動においては社会福祉というより地域福祉という枠組みの中で対自治体という天井が設定されているようにみえる。地域福祉を担う人材育成は必要であるとしても、「日常生活における不断の努力を媒介に」して社会福祉を追求することも忘れてはならない。

4　福祉文化論の運動論的意義

　以上のような状況に関して、実際、福祉文化論の内部においてもこれに相当する理解として「日本福祉文化学会による福祉文化論」と「行政による福祉文化論」を分け、後者を警戒する議論がある（永山 2010；磯部 2010）。「行政による福祉文化論」とは、戦後の福祉国家を追求する方向から日本型福祉社会＝地域福祉へと転換する流れを汲むものであり、そこには行政主導による住民主体の市民運動の減退や、耐乏精神と自助努力の推奨といった意図があるという警戒がある。福祉文化論における「量ではなく質を」という論調も、この文脈で警戒されるべきものであり、運動論の諦めとしての「行政による福祉文化論」に抗して「日本福祉文化学会による福祉文化論」はそうではないと確認されてきた。

　福祉文化論もまた「社会」を外した領域である。一番ヶ瀬は「高度経済成長期をへて、ポスト経済成長期の社会福祉論には、要約すると三つのポイントがある」（一番ヶ瀬 1999：48）と述べ、そのうちの一つに「『福祉教育』『福祉文化』の研究は、福祉社会が問われる今日、ますます重要なことといえよう」（一番ヶ瀬 1999：49）と述べ、並列させてその意義を認めており、「教育」という枠組みに縛られない点を除けば福祉教育とほぼ同様の期待がある。したがって福祉コミュニティ論、福祉のまちづくり論、福祉教育論、福祉文化論は、地域福祉論に連関する。福祉文化論は「量ではなく質」と謳っているのであるから、1970 年代以降の社会福祉政策の縮小の代替として、つまり「量はそのままか縮小するが、せめて質を」という意味で資源化され、ポリティカルな「連帯」の要求に応えるものとして観念することはできる。

　例えばこれらの領域を統合的に捉える阪野は、日本経済が低成長に移行し、地方分権、地域福祉が着目される中で、高度経済成長を背景にしたモノ・カネ主義の反省として「文化」が重視されるようになったことを踏まえた上で、「福祉のまちづくりは、その担い手である住民による福祉文化の創造とそのための教育・学習活動の推進をはかるものである」（阪野 1993：15）と述べている。そのポジティヴなあり方として阪野は「福祉の文化化」というスローガンから「福祉行政の文化化」を求め、「文化的視点に立って福祉行政全体を見直し、再編する」ために「住民の参加と合意形成のもとに、福祉サービス利用者などすべての住民の自発的・主体的な文化活動の推進をはかり、すべての住民が文化を共有するための条件整備や環境醸成をおこなうこと」が福祉文化論の役割としてあるという。

　しかし、換言すれば、福祉文化論は地域福祉論の一環として文化的生活を追求するところに意義を求められるのだから、「地域福祉の隘路」を引き受けることになる。かくも「社会」を取り払った議論は公的責任・権利としての社会福祉の要求よりも地産地消の制度・政策・サービス体系としての地域福祉に収斂される向きをもつ。

　そうであるから一番ヶ瀬の福祉文化論は「それまでの社会福祉学の『運動論』ももっと中身を質的な面を今後、切り開いていく」（一番ヶ瀬 2007：11）

必要があるとされ、そのあり方を求めるにあたって、「福祉の文化化」ではない意味で、重要な意義を見いださなければならないだろう。

しかし従来の運動論と福祉文化論との関係は明らかではない。福祉文化論は1980年代以降の社会福祉学の動向、それを方向づける現場の専門職主義や大学の専門学校化・就職予備校化に半ば嫌気がさして登場した文脈から、かえってアカデミックな理論と意識的に距離ができてしまっているのかもしれない。

ただ、一番ヶ瀬において福祉文化論は社会福祉理論における運動論の発想から完全に切り離して考えるべきものではなく、運動論への補完あるいは問い直しという意図も含まれていたと考えられる。つまり福祉文化論は社会福祉理論に対して従来の運動論とは異なる構想を与えるものでもある。

> 社会福祉が普遍性を獲得した段階の運動論は、民衆の協同とより質の高い福祉文化の創造にその特質がある。その歴史的展開への具体的把握と理論化が急がれている（一番ヶ瀬1999a：56）。

そこで一番ヶ瀬は、従来の運動論をアップデートする仮説として、以下の表（表2）を示している（一番ヶ瀬1999a、ただし太枠は引用者）。この表は「第一次仮案」として素描的なものである。筆者の文献収集能力の限界もあり、これをアップデートしたものが存在するかどうかは不明である。

表2　1990年代以降の運動論の構想

社会福祉運動の展開（第1次仮案）

歴史的状況	選別的社会福祉 （中央集権画一型行政）の時代	普遍的社会福祉 （地方分権個性型行政）の時代
主な目標	一元的量的拡大	個性的提言と質的充実
主体	対象者、労働者	利用者、市民
対象	政府	地方自治体、経営体、（政府）
方法	批判・獲得	参画・創造
形態	労働運動的権利要求 社会保障闘争など	消費者・生活者運動 共同組合運動 人権保障運動など多様

注：歴史的状況での（　）は、日本的特殊性

　表をみるところでは「権利としての社会福祉」のための社会福祉運動は諦めたのかという素朴な疑問もあるかもしれない。この疑問に対して好意的に解せば、この表に示された運動の構想の変化は、社会の展開に応じて生じた自己修正としての社会福祉運動の一つの内的変化として捉えられる。従来の運動論が目指した社会の実現手段が、福祉文化という目的概念のフィルターを通して多様化し、それに合わせて運動の発想も一番ヶ瀬の表にあるように「人権保障運動など多様」となった。

　例えば多様化する運動体における共通理念としての「人権」は表においても「社会保障闘争」から「人権保障運動」へ移るとされ、むしろ重要性を増している。これは従来の生存権を中心とした人権観が「新しい人権」の登場にみられるように多様な人権観へと変化したからである。そして「新しい人権」のような概念はまさに戦後日本人の文化的生活の変化に応じて登場し検討されたものである。

　その意味では、一番ヶ瀬の表における運動論は社会福祉の追求の先に描かれる社会を実現するために手段として文化現象に着目し、そこから変えるといういわば「急がば回れ」的な発想があったのかもしれない。福祉文化論のスローガンでいうところの「文化の福祉化」である。

　その場合、一番ヶ瀬が福祉文化論を構想しまた運動論を再構成しようとした1980〜1990年代の意図としては、社会福祉に対する諦念ではなく、その目的に対する手段の実質化であり、民主主義の精神に運動論の発想法なり形態が適応するための自己修正としての文化現象への着目であると解せるかもしれない。

　そのような豊かさの追求の一つのあり方として福祉文化論の想定にあるのが生協運動である。「福祉文化」という語の登場は1960年代の灘生協（理事長は嶋田啓一郎）である。厚生省社会局生活課監修・生協福祉研究会編『協同による地域福祉のニューパワー ─ 生協と福祉活動』（ぎょうせい、1989年）における「生協による福祉サービスのあり方に関する研究会報告書」によると、「福祉サービス」とは①公的福祉サービス、②営利を目的とする企業などによる市場型サービス、③非営利の自発型、参加型サービスに類型化され、生協は

③に位置づけられている。そこでは行政の委託部分を包含し、市場型サービスとの共同購入などが発展可能性として示されており、行政目線でいえば公的な社会福祉サービスの代替・補完的な役割を期待されているといえる。

　しかしながら生協は独自の理念をもつ活動体であり、それは政府からの譲歩を勝ち取るとか、公的責任によるサービスを代替・補完する見立てとは異なる。生協の活動原則には民主主義、非営利、連帯がある（野尻 1997）。生協が非営利であるというとき、それは消費者団体中心の経済活動という枠組みの中で"商業圏"ではなく"生活圏"であるといわれる（竹井 1988）。その"生活圏"とは一つの経済システムである以前に、資本主義の課題の自覚とこれに相対する価値観の追求のための連帯の精神の共有がある[3]。

　福祉文化論にはこのように文化を改良する視点を運動論の重要な位置に置き、制度・政策・サービスの獲得のための運動が善き文化をつくるというより、まず当然に善き文化の追求がなければならないという発想がある。

　しかしながら福祉文化論の展望として以上のようにいえたとしても、一番ヶ瀬理論の理解としてはこのような拡大解釈にも限界がある。一番ヶ瀬の表では、太枠で示した通り、運動の対象を政府、地方自治体、経営体という特定の権力装置としている。社会福祉理論であるから当然といえば当然かもしれないが、一番ヶ瀬の表は、あくまで社会福祉における文化的生活の重視としての「福祉の文化化」に関するものである。社会福祉運動の発展という文脈において民主主義の精神を文化に根差していく視点はあっても、それ以外の文脈、すなわち国民の生活文化そのものを国民が主体となりまた国民が対象となって福祉の理念に適うものにするという「文化の福祉化」は、運動論の構想としては弱い。

　一番ヶ瀬の運動論の特徴は発展段階説的視点にあり、社会福祉理論としてはこれが批判の対象となることもあるのだが、福祉文化論として筆者がみるところ、従来の福祉文化論の問題は「福祉の文化化」を重視していることにある。戦後の社会福祉が既に「健康で文化的な」生活を規範化してきた以上、「福祉の文化化」は、実際上はともかく理論上は何らオリジナリティも新規性もない。

　これまでの福祉文化論ないし日本福祉文化学会における諸々の議論を振り返れば、福祉文化は目的概念としての側面をもつものの、「文化」の理解は音楽やスポーツといった実体的側面に偏っており、福祉文化論における議論は個別具体的な文化的活動を紹介するに留まっている感が否めない。

5　文化の福祉化というミッション

　もちろんそれらの活動は、国民のライフスタイルや地域社会の一側面を表現し、現代の日本人にとってどのような生活世界を実現する社会や国家が望ましいかという、目的としての文化的な生活観、人生観、人間社会観の表現に繋がっているともいえる。ただ研究としての問題は、その繋がりを意識した研究の蓄積が不足していることであり、つまり「文化の福祉化」への意識が足りていないことである。

　この問題はアカデミズムとしての要求というより、これをスローガンとして掲げている福祉文化論が自ら課すべき問題である。女性にばかり家事やケア労働を期待することも、正しさを押し殺して空気を読んだり忖度したりすることも、炎上やバッシングに興じて溜飲を下げるのも、自己責任論が強力であることも、またそうした態度こそが「大人」であり「現実的」であるとして冷笑的あるいはニヒリスティックに大勢について承認ゲームをサバイブしようとするのも、現代日本の文化である。

　福祉文化論は戦後日本における未成熟な文化、つまり〈目的概念としての社会福祉〉の実現を不完全に留める文化を変容させることに社会改良の道を見いだすものとして「文化の福祉化」が重要である。

　「文化の福祉化」は、少なくとも「福祉の文化化」に比すれば、従来の社会福祉学に対して新規性やオリジナリティがある。先述の通り、福祉文化は目的概念としての意味が強い。反専門職主義の文脈をもち、国民全員の参加と協働によって福祉の理念に適う文化を追求し、もって福祉の理念に合う社会ないし国家を追求するというのは、大きなビジョンである。このとき「社会福祉」とされる制度・政策・サービス、そしてその担い手である政府や自治体、経営体、

専門職は、あくまで福祉文化の創造の手段であり部分となる。今や社会福祉サービスの利用者や専門職を対象とした意識調査的研究ばかりの社会福祉学よりも広い視野と可能性をもっているといっても過言ではない。

　社会福祉が一部の人々のものではなくなった普遍化という状況にあって、また社会福祉学の内実が実質的に地域福祉論へと変容していく状況にあって、社会改良への回路を絶たないための命綱となるのが、「福祉に関する全ての人」を一貫する何らかの普遍性を期待できる観念である。一番ヶ瀬はそれをまずもって人権に求めていた。そこで着目するべきは一番ヶ瀬が「福祉文化」を「人権文化」という概念との関係で捉えている点である。福祉文化論は地域福祉という政策的枠組の内部に留まらないだけでなく、政策や教育といったあらゆる議論を一貫する人権という普遍的概念に開かれた議論である。

　以降、「福祉文化」と「人権文化」の関係を確認する。

6　福祉文化と人権文化

　一番ヶ瀬は福祉文化論を、福祉国家から福祉社会へという流れを受け止める意味での地域福祉論におさまらない視野で構想している。

> 　福祉文化は、物質文明の追求と科学的な成果のもとで、競争社会を激化させた20世紀の在り方を自ら批判、反省することにもつながっている……（中略）……20世紀の成果のよいものを分かち合いながらも、21世紀にむかって多くの人が望むものは、精神文化であり、共生社会であるとの認識に立つ。それは、個性をもちながらもネットワークでお互いを支え合い、そして、やさしさを保ちながら地域化される。さらに国際的には各民族のインフォーマルな福祉文化が息づく、柔軟な国際社会の形成をめざすのである（一番ヶ瀬1997a：8-9）。

　この文脈では、福祉文化論における「地域」「コミュニティ」「まち」といった概念はあくまで生活感覚の豊かさを立脚点にするという意味であり、それを目的としたり設計・管理の対象としたりするものではない。つまり福祉文化は地産地消の制度・政策・サービス体系として矮小化するような視点で捉えられ

るのではなく、むしろ国境さえも超えてインターナショナルな視点をもって
マクロ視点とミクロ視点を一貫させている。文化とは、それぞれが固有の背景
をもちながらも、あらゆる境界を超えて拡張、接続、感染の可能性をもってお
り、他者＝他文化との相互作用の中で変質や習合を想定するものである。

　一番ヶ瀬はこの視点から、人文社会科学一般に接続しうる概念として「人
権文化」に着目した。一番ヶ瀬は福祉文化が人権文化に通ずるとし（一番ヶ
瀬・桜井・河畠ほか 1997）、「人権文化の基盤に福祉文化がある」（一番ヶ瀬
1997b：267-268）と述べている。

　人権文化の説明に際して一番ヶ瀬は「人権文化の創造」を一つの理念とした
1994 年の国連総会における「人権教育のための国連 10 年」に言及している（一
番ヶ瀬・桜井・河畠ほか 1997；一番ヶ瀬 1997b）。そこで一番ヶ瀬は人権文化
を「人間としてのお互いの生きる権利、と同時に人間らしく生き抜く権利、さ
らに幸福実現をめざす自己実現の権利にもとづく」（一番ヶ瀬 1997b：267）と
して、つまり well-being の権利への意識を条件とする目的概念として捉えてい
る[4]。

　一番ヶ瀬に限らず一般に人権論における人権文化とは目的的に捉えた上で
それに向かって行動し、自文化を発信したり拡張したりしていく過程において
構想される。例えば曽和信一は以下のように説明している。

　　　人権文化とは、すでに存在しているものではありません。また、そのモデルが
　　誰かによって構想され、すでにどこかにあって、実践として取り組まれていると
　　いったものでもありません。むしろ、これから私たちが「個性の全面的開花、人
　　間の尊厳の実現、集団間の相互理解と寛容、性的平等及び友好関係の促進、社会
　　参加」といったあり方と、お互いがより豊かになりうる状況をつくりだしていく
　　ものだといえます（曽和 1999：132-133）。

戦後国際社会においては、まず世界人権宣言や国際人権規約にみられるよう
に普遍的な人権について言及し、それを踏まえて具体的な問題に対処するとい
ういわゆる国際人権法としての諸宣言、諸条約を結び、これに対応するべく個
別に国内法が整備されるという方向性をもっていた。これに対し人権文化は、

その流れを逆方向から補うように、生活感覚に基づく具体的な人権の追求から
ときに実定法レベルの人権の意味を解釈したり変更を要求したりし、また実定
法レベルの人権では達成できない領域の実質的な達成を目指すという複数の方
向性、可能性をもっている。

　その意味での人権文化とは、すでに実現している実定法レベルの人権に関す
る概念というより、権利の言語を道具としながらも、実定法の理念を個々人の
生活感覚として実感するためにあくまで国民相互間において目指される〈福祉
の理念としての人権〉に関する概念というべきである。そして福祉文化に基底
された人権文化とは「単に『人権』という言葉の意味や解釈に留まらず、日常
的な絶えざる努力、不断の工夫が生活全面になされ、具体的な素材や方法、そ
して成果が創造されていくことが期待され」（一番ヶ瀬 1997a：270）ており、
たえず創造され修正される文化である。

　福祉文化論における人権文化の追求の条件として一番ヶ瀬が人権文化の構
想において重視していたのが〈感情〉の力と権利の言語の〈文学性〉である。

　結論を先取りすると、福祉文化論が社会福祉学における人権論に対してもつ
可能性は以下である。すなわち、人権文化の構想とは〈感情〉という国民一人
ひとりがもっているもの、すなわち糸賀のいう「共感と連帯の感情」を、人権
という権利の言語に、一番ヶ瀬の言葉でいえば「流入」させ、〈文学性〉を伴っ
た解釈や記述としてその人権を捉え直し、再構成に関わっていくことである。

　次章では、その説明と考察として、人権文化の構成要素となる〈感情〉と
〈文学性〉について述べる。

注
1)　コミュニティ・オーガニゼーション論および福祉コミュニティ論の展開の整理については、
　　佐藤守（1995）、瓦井（2006）のほか、日本地域福祉学会『地域福祉辞典』（中央法規、1997
　　年）を参照した。
2)　福祉のまちづくり論の展開については、田中（1996）のほか、京極高宣監修『現代福祉学
　　レキシコン』（雄山閣出版、1993 年）を参照した。
3)　例えば、竹井は大手乳業会社の工場や研究所を視察した際、「牛乳などを売るのにどうして
　　これほどのお金をかけ、なにを研究するのだろう」という疑問を覚え、そこに「生けるもの

としての、生活者としての、まずだいじな原点のようなもの」を感じ、そこから「資本主義とは怖いものだとしみじみ思います。単純ではありません。たかが牛乳といっても、資本はそれを材料に、いかに利益をもっと上げるかに、私たちの想像を絶するような努力を払っていることを、いやというほど見せつけられた感じでした」（竹井 1998：117-118）と述べている。

4)　一番ヶ瀬に限らずしばしば社会福祉学で登場する「自己実現」は、マズローの欲求段階説の頂点に位置づくものとして語られ、さまざまな研究者たちがさまざまに意味づけを与えている。しかしこれがどのように社会福祉なり福祉の概念と関係をなすのか。つまるところ自己実現は well-being のような抽象的な言語でしか説明しえない目的概念であり、well-being より高次にあるだろう。マズローにおける自己実現とは人間の生として極めて高尚な次元にあり、生活権たる人権に結びつく概念としてこれを連関させるにしては無理があるように思われるし、一番ヶ瀬はこの概念をいささか乱用しているように思われる。

第 **5** 章
人権文化の条件

本章では福祉文化論における人権文化の追求の条件として、〈感情〉の力と権利の言語の〈文学性〉に着目して考察する。

福祉文化論が人権論に対してもつ可能性とは、〈感情〉という国民一人ひとりがもつものを普遍的とされる人権という権利の言語に、一番ヶ瀬の言葉でいえば「流入」させ、〈文学性〉を伴った解釈と修正を通して人権の再構成に関わっていく姿勢である。それが社会福祉学における人権論の、民主主義の精神に基づくもう一つの可能性である。

1 人権文化における感情と文学性

人権文化という戦略は、運動論の条件としての民主主義の精神に関係する。「権利としての社会福祉」の主張も、理念と実際のギャップとして蔓延する生活問題や生きづらさに対して、何とかしなければならないという感情の反応に追認されなければ大きな力が期待できないからである[1]。

今日の地域福祉論に関して竹川俊夫は「地域福祉の隘路」に立ち向かう地域福祉関係者の努力が花開くためには、「社会の歪みや不公正を鋭く見抜く感性と、課題解決の当事者としての意識の涵養」が求められ、「日本国憲法を活用して人権・民主主義教育を再構築し、これらの価値の習得を通じて人々の連帯を再生すること」が必要であると述べている（竹川 2016：90）。

福祉文化論もまた「福祉に関する全ての人」一人ひとりが理念をもち、権利の言語に結びつきながら自らの活動の社会的意義を意識するものである。先

に福祉文化論の源流に生協運動があると述べた。生協運動の言葉でいえば、野尻武敏がいうように、生協の原則には民主主義、非営利、連帯がある。このうち民主主義には「集団の意思形成に構成員のすべてがなんらかの形で参加または参画する方式」を指す「形としての民主主義」と、「能力・性格・階層・党派・人種・宗教等の違いにかかわりなく、人を人として尊ぶ心の在り方」を指す「心としての民主主義」があり、後者が欠ければ欠けるほど民主主義は形骸化する」（野尻 1997：28）という。この「心としての民主主義」（民主主義の精神）に裏づけられた「形としての民主主義」（民主制）をもって望ましい人間社会を創造するという構想においては、何らかの〈感情〉がその創造の原動力として、「心」と表現される。

　この「心」の概念に関して、社会福祉の研究や実践においてしばしば登場するのが「福祉の心」である。福祉文化論においても散見される語であり、「心」と「福祉の心」はおおむね同じ意味である[2)]。1970年代以降、社会福祉学や教育学、医療系の領域においてしばしば「福祉の心」の語が用いられてきた。「福祉の心」は一般的な表現として「思いやり」や「優しさ」と換言されることが多いが、福祉哲学からのアプローチ（例えば阿部 2008；中村 2009a）、キリスト教、儒教、仏教などの思想的観点からのアプローチ（例えば村山 1995；京極 2001；新保 2005）、意識調査的・計量的な方法で傾向や共通因子を抽出するアプローチ（谷川 2007a；谷川・趙 2011）など、いくらかの方法があり、「福祉の心」の理解も論者によって異なる。

　そもそも「心」の英訳が容易でない。少なくとも "Mind" と "Heart" の2つがあてられる。「福祉の心」は「福祉マインド」と呼ばれ（小島 1989b）、"Welfare Mind" と訳されることがある（谷川 2007ab）。また "Spirit" も含めて "Mind and Spirit of Human Welfare" と訳されることもある（清水 1995）。しかし辞書に採用されているのは阿部志郎の "Heart of Welfare" であり（京極高宣監修『現代福祉学レキシコン』雄山閣出版、1993年）、また一番ヶ瀬や中村剛は山室軍平の説いた3つのHとしての "Head, Hand, Heart" の "Heart" をあげている（一番ヶ瀬 1997c；中村 2009a）。ここで中村は "Mind" が「思考や理性の働き」を意味し、"Heart" は「喜怒哀楽といった

感情、特に愛情」を意味すると整理している（中村 2009a）。どうやら「福祉の心」とは思考・行動の指針である "Mind" と、思考・行動の原動力である〈感情〉としての "Heart" の意味を含む概念である。

　そうすると、民主主義の精神において必要となる人間の共感としての〈感情〉に相当する概念は "Heart" ということになろうか。しかしながらこの "Heart" という語の、ナイーブな生温さ、素朴な思いやりという次元に留まりかねない語感はどうしたものか。というのも、社会福祉学において望ましい〈感情〉は権利の言語に結びついているはずであるし、そのような回路をもたなければ誤解を招きやすく、危険ですらあるからだ。

　「福祉の心」が強調され出した時期は 1960 年代後半から 1970 年代の日本経済の停滞と雇用不安が生じた頃であり、いわゆる福祉見直し論が台頭してきた時期に符合している（佐藤 1978）。「福祉の心」を重視する福祉教育論の時代的社会的要請もこの時期である。社会福祉理論において、例えば真田是はこれを非科学的で学問的検討に値しない「精神論」と呼び、臨調・行革路線において大きな位置づけを得たものとして否定的に評している（真田 1990；真田 2003）。また星野信也は社会福祉の理解において「福祉の心」などの抽象概念を並べてしまうとそれ以上には実証的議論を深められないと指摘している（星野 2002）。福祉思想・福祉哲学の側からも、例えば阿部志郎は行政責任、公私の役割分担の議論の過程で精神主義へのすり替えという責任転嫁の文脈で「福祉の心」が用いられている側面があると指摘している（西村・日高・井岡ほか1977）。また特にケアワークの実践現場において、いわゆるやりがい搾取のために「福祉の心」が用いられることもあり（秋山 2004；谷川 2008）、サービス提供のシステムや労働環境に係る組織的問題を温存させる働きも指摘されている（岡田・岡田 2007；岡田・岡田 2008）。以上の理由から「福祉の心」に対しては研究者から否定的な声が強くある[3]。

　そこで社会福祉学は「福祉の心」を感情の言語ではなく権利の言語に結びつけるようにしてきた。井岡勉は「福祉の心」の議論を人権の議論に変換する必要を指摘しており（西村・日高・井岡ほか 1977）、その後も同様に人権との関係において理解することが勧められてきた（例えば、大塚 1998；上野谷・炭

谷 2015)。また「福祉の心」を「精神論」として批判する真田是もこれを「権利保障の心」と換言するべきだと述べている（真田 2003）。

　以上は「福祉の心」ではなく「権利」や「人権」を勧めるという意味で「AではなくB」という提案にも読めるが、読み換えるということは両者に決定的な断絶があるということではなく、「Aの実体化をBで」という意味であろう。

　この点、一番ヶ瀬の福祉文化論は、「福祉の心」が人権に「流入」するという見立てを示している。

> 　"心"、"ハート"の点では、現代の社会福祉において、人類の普遍的な人権としての福祉権、さらに生活権の教育が肝要であろう。かつてはキリスト教、仏教などの信仰あるいはその他さまざまなヒューマニズムが実践の動機づけとなった。だが現代においては、その実践のエッセンスが普遍化し、潮流となって人権概念に流入しあらためてそれを現代人の共通の価値概念として成熟せしめたといえよう。そしてその共通項の一つとして、人権としての福祉を位置づけたのである（一番ヶ瀬 1997c：187）。

　〈福祉の理念としての人権〉を生活レベルで実質的に成就させるためには、〈実体概念としての社会福祉〉以外の、生活世界のすべてに関わり得る側面としての文化に着目し、「文化の福祉化」による人権文化の実現を目指す必要がある。そのためには先の嶋田や糸賀のいうように「共感と連帯の感情」が必要である。共感という〈感情〉は人権という権利の言語に「流入」することで公共性をもつものである。

　〈感情〉の力について一番ヶ瀬は日本福祉文化学会の企画において自身が 12 年間会長（代表理事）を務めてきた日本社会福祉学会に言及しながら述べている。

> 　私は一番責任を感じているのは日本社会福祉学会で……（中略）……どうしても情念、或いは芸術的側面が抜けてくる。しかしやはり人間は最後は情念で動くんじゃないかと思うんですね（一番ヶ瀬・桜井・河畠ほか 1997：8-9）。

　人間は理屈によって動くより、情動、情念、情緒によって行動する場合が少な

くない。ことに福祉は、自然の人情、愛他本能に基づく場合が多い。ところが、その情動、情念そして情緒を満足させる環境、教育活動が少なく、それらは、あまりにも一部の人に局限されてきた状態がある（一番ヶ瀬 1997b：266）。

　日本社会福祉学会に関して「責任を感じている」という一番ヶ瀬は「人間は最後は情念で動くんじゃないか」として〈感情〉の意義を日本福祉文化学会に期待している。この〈感情〉はさまざまに換言され、「情動」「情念」「情緒」「自然の人情」「愛他本能」など表現に苦労がみられる。〈感情〉は運動論的視点からいっても本来重要なテーマであったはずだが、真田是が頑なにそうであったように、社会科学的な立論を優先した結果、置き場がなくなったのだろう。

　しかし実際、運動によって「権利としての社会福祉」のあり方を改良するには、多かれ少なかれ社会的政治的な変化を要する。そしてその変化に至らしめるには、個人的な "Heart" を超えて国民としての強力な〈感情〉、すなわち "Passion" の働きを要する。

　この点、M. ウォルツァーは人間社会と政治の理解にあたって我々の情念的な生のあり方をもっと認めて正統な世界に引き入れるべきであるとして以下のように述べている。

　　　政治は、たいてい、確信と情念の双方、理性と熱狂の双方をつねに不安定な仕方で結びつけながら併せもつ人々に関わっている（Walzer 2004=2006：200）。

　　　いかなる政党もそれなしには富と権力の既成のヒエラルキーに立ち向かうことのできない条件、平等や国民解放を求める、解放や力の強化を求めるどのような運動もそれなしにはけっして成功しえない条件がある。それは、それらがヒエラルキーの下方にいる人々の緊密に結びついた、戦闘的な情念を喚起するという条件である（Walzer 2004=2006：214）。

　強力な〈感情〉の表現はときとして危険なものであり、それはウォルツァーが「濁流」と表現するような破壊的な働きをもつ。

　しかしそれでも人間の自然な生から発せられるものが〈感情〉であり、人々

において共有可能であり、したがって明に暗に何らかの理念に基づいて連帯の状態を人々にもたらし、政治を動かす力をもっている。

　また福祉文化論における人権文化には〈文学性〉も重要な意味をもつ。一番ヶ瀬の言葉では芸術性であるが、これはすなわち、人権という権利の言語の記述と、解釈に係る読み手の能力において、文学性を帯びることを示唆している。

　例えば一番ヶ瀬は福祉文化論において「旅は人権」であると述べている（一番ヶ瀬 1997c）。この言葉だけではまるで意味が分からないが、要約すると、旅はさまざまな出会いや発見を与えてくれるものであり、感情の高まりを与えてくれるものであり、自然と触れ合うことができ、歴史と繋がることができ、楽しむものであり、ついには人生そのものが旅であると気づかせてくれる、という具合である。そしてそれは文化的な生を追求する自由やノーマライゼーションという福祉の理念と接続され、翻って知的障害児の大規模施設入所生活が「旅」とは真逆の閉塞した世界であることを示唆しているのだ。

　このとき人権は法学者の文理解釈ではなく、「福祉に関わる全ての人」にその解釈と創造によって表象される。「旅は人権」についていうと、旅は自己決定の権利や余暇の権利、自然享受の権利などいくつかの権利の言語に関わっているが、その権利のあり方は、われわれが国際人権法の文理解釈等に関する能力を備えているかどうかより、われわれの文化が「旅」の善なる価値を身体感覚としてもち、認めているかどうかにかかっている。

　人権文化という構想において重要な意味をもつ〈感情〉と〈文学性〉という要素は、文化的な生の実現程度に反応する身体性として〈感情〉が生起し、それに駆動されて〈文学性〉を帯びて人権という権利の言語の解釈と創造に影響するという点において重要である。

　福祉文化論における人権文化の構想は人権論としていかなる位置づけをもつか。この構想は直接的に人権論一般に接続させて述べられたことはないが、人権論において〈感情〉や〈文学性〉を重視する立場に親和的なビジョンをもっている。その代表的な議論はローティの人権文化に関する議論であり、これに通ずるケアの倫理に基づく人権論である。これらの議論の参照によって、

残してきた課題、すなわち"Heart"としての「心」より適切な〈感情〉の理解について展開的に論じることができる。

　人権文化の構想の根底にある人権観は、重要な部分でローティ＝ケアの倫理的な人権観に重なる。それは両者が〈感情〉と〈文学性〉の働きを重視していることのみではなく、その〈感情〉と〈文学性〉への期待がプラグマティックな民主主義の精神に基づく運動による無限の社会改良を想定している点である。

　この立場において人権とは、まずもって人間の取り扱いに関してより善なる仕方を想像する文学的能力の動員によって解釈され、想像され、創造される言語である。

　ローティは人権を実践の対象として捉え、文化において議論を設定し、「人権文化」〔human rights culture〕の拡張という構想を示している。そこに〈感情〉の力と〈文学性〉の力が動員される。その構想は科学主義への懐疑、文学や科学などのあらゆる語彙を有用性という基準において同一地平の物語として置きなおす視点を含んでおり、また絶対的な指標を放棄している以上、偶然性に満ち、個々の歴史に結びついた具体的な状況を配慮するという視点を含んでいる。

　これらの点を手がかりに人権文化の構想における人間の望ましい〈感情〉、またそれと〈文学性〉の関係を明らかにし、人権文化という新たな運動論に継承し、社会福祉学における人権論の展開可能性を示したい。

2　人権文化論における感情と文学性の関係

　望ましい〈感情〉とはいかなるものか。〈感情〉について一番ヶ瀬はさまざまな表現を用いていたが、人権論においては"Sentiment""Passion""Emotion"といったさまざまな語が用いられる。

　ローティはそのうち"Sentiment"という語を用いている。ローティは〈理性／感情〉の区別を設けて理性にのみ頼ろうとする人権観は危険であるという（Rorty 1993）。理性の分ける知が、人権の〈主体／非主体〉たる〈人間／

非人間〉を分ける知に結びつくからである [4]。ただ、ローティは〈理性／感情〉等の区別そのものを保留にする方がよいとしながらも、感情の意義を積極的に認めている [5]。分断される〈われわれ＝人間〉を、理性の分ける知の切り取り線と無関係に自由につなぎ合わせることができるのは感情の力である。したがって人間の権利である人権は、〈われわれ＝人間〉の拡張性としての感情に依拠している。

　その感情とは繊細な "Sentiment" である [6]。ローティは人類の自己イメージが「合理的な動物や残酷な動物ではなく、柔軟性があり、さまざまに変化し、自己形成的な動物」（Rorty 1993：115）へとなりつつあると述べ、そのような人間像から A. ベイアーに依拠しつつ、「私たちプラグマティストは人権文化の出現は増大した道徳的知識に負うところは全くなく、悲しく感傷的な物語〔sad and sentimental stories〕を聞くことに負っているように見える」（Rorty 1993：355）として、共感能力を高める「感情教育」によって人権文化を創造するという構想を示した。

　そこでの感情の力とは「自分の両親や子どもを大切にするというような、とても細やかな、表面的な類似性」（Rorty 1993：129）を感じる力であり、それは人間でないものとの間にも感じられるという。そうであるからこそ感情の力は理性の分ける知による〈われわれ＝人間〉の分断に対抗できるのである。B. ターナーも「人間はまずもって感情的な〔sentimental〕生きものであって、理性的な哲学者なのではない」という人間観に立ち、「理性的な人々が自らの権利を求めるのは、彼らが他者〔others〕の窮状を自らの（潜在的な）惨めさとしてみるからである」（Turner 2006：40-41）と述べ、ローティの提言する共感能力の醸成に対して一定の評価を与えている。したがって人権文化というアイディアが想定する望ましい感情とは〈人間／非人間〉という区別を超えて〈われわれ＝人間〉という意識を拡張することに資するものである。

　ではそのような感情はどのようにして獲得され普及されるのか。そこで物語＝ナラティヴの力としての、記述の文学性が求められる。それは記述の絶対的な事実性、真理性の追究を保留することであり、哲学や科学の鋳型に押し込まない態度によって観念される。

　この点、歴史的にみても、フランス革命の研究者である L. ハントは、人権の普遍性が自明性を獲得し、拡張できたのは、小説という「物語」を通して〈理性〉のみならず〈感情〉の力が醸成されたからだと指摘している。

　　人権は、その定義、実際はまさにその存在そのものが理性〔reason〕と同じくらい感情〔emotions〕に依存しているので、意味を明確にすることが困難である。人権の自明性の主張は、最終的にはそれぞれの人の心の琴線に触れれば説得的なものとなり、感情に訴える類の主張にかかっている（Hunt 2007：26）。

　〈感情〉を重視する人権論者は、共感能力を高める「感情教育」は芸術や文学などの表現行為に触れることによって生の苦悩、痛み、不条理、悦びなどさまざまなことを共有して得られると考えている。哲学者の反省は奴隷制を根絶しなかったが、奴隷の生活を描いた物語はその根絶に役立ったのである（Rorty 2005）。人権というのは当該社会の私たちの精神的思考的慣習としての文化性に訴えかけるもの、文化的表現物によって腑に落ちるものでもある。
　この点、大賀祐樹はローティの人権文化の構想について以下のように述べている。

　　文学や映画、演劇、ドラマ、歌といった表現に触れることで人びとは、生きることに伴う苦悩と悦び、痛み、悲しみ、不条理を知り、より鋭敏な感性を養うことができるようになる。その意味では、精緻な分析による社会問題の論文も重要だが、それ以上に重要なのは、小説家が人生の機微を描き、映画監督がそれを作品化し、ミュージシャンがそれを美しい旋律にのせて歌うことではないだろうか。さまざまな感情を媒介することで、訴えたいことは、いっそう多くの人へ伝わっていくはずである（大賀 2015：172）。

　人権が物語に動かされる〈感情〉の承認によって有効になるものであるなら、人権の中核的価値である〈人間の尊厳〉は当然そうである。〈人間の尊厳〉について、M. ヌスバウムは悲しい物語に対する感情的反応によって確かめられる「直観的観念」〔the intuitive idea〕（Nussbaum 2000）に関わっており、その力が文化の境界を乗り越えると述べている[7]。

　人間の尊厳というこの考えには、文化横断的な幅広い共鳴と直観的な力がある。
私たちはどのような文化にあってもそれを悲劇的な芸術作品の核心にあるものだ
と考えることができる。運命に翻弄される悲劇的な登場人物のことを考えてみよ
う。私たちはあまりに翻弄されている人間の光景をみるときには、砂粒混じりの
嵐に反応するのとは実に異なった方法で反応する……（中略）……私たちが他の
文化の悲劇的な物語に反応できる限り、私たちは人間の価値や行為能力といった
考えが文化の境界を乗り越えるものだと示すことができる（Nussbaum 2000：
72-73）。

　悲しい物語における記述の文学性は、数多の「人権の実現とは……と同じ
である」というメッセージを発する。ローティは〈人間＝われわれ〉の意識
が拡張し人権文化が発展していることを示す目印として、自分の子どもが計画
している結婚に対して、結婚相手の出身国や宗教、人種、富、性的志向のゆえ
に干渉することをわれわれがどの程度まで自制できるかという例をあげている
（Rorty 1999）。それは人権をめぐる哲学者や法学者の主張する正しい見解と
は別のところで、身体に働きかけ、〈われわれ＝人間〉としてどのように感じ、
何がなされるべきかについての解釈と創造の力を与える。その過程で記述の文
学性が権利の内容に柔軟な変化をもたらすのである。
　〈感情〉と〈文学性〉の力を伴うと、人権という権利の言語の内実は常に不
安定となり、それを再構成するための望ましい想像力〔imaginative power〕
が要求される。この想像力が文化の変容において重要な力をもつ。

　　われわれは、知性の進歩も道徳の進歩も真理や善、正しさへの接近とはみな
　さず、想像力の増大であるとみなす。われわれは想像力を文化的進化の最前線にあ
　り―もし平和と繁栄がもたらされるなら―人類の過去よりも未来を豊かにさせ
　るために絶えず作動している力であるとみなすのである（Rorty 1999：87）。

　ローティはプラグマティストのような「文学的文化」に身をおく者にとって
は、宗教も哲学も文学の一ジャンルであり、詩、小説、宗教書、哲学書はいず
れの区別も本質的でなく、人間の欲求とは別の実在についてではなく人間の欲
求に応えようとする試みであるという。このとき「文学的文化は、一時的なも

のから永遠なものへと逃れようとするのではなく、新しさを常に求める。想像力は現在の限界を持っているものの、この限界は永遠に拡張可能であるというのが、この文化の前提」（Rorty 2007=2011：125）である。

　この見方によれば、人権に関する実定法のテクストは、読み手が関与したときにはすでに読み手の身体において想像力が活用されているため、テクストそのものに関する表象は第一義的ではない。

　テクストそのものとは、法治国家において裁判官を通してそれが明らかにされたとき、統治権力＝暴力を背景にして実際に人間を拘束する実際的な機能と同じである。しかしテクストを読むことによって産出される知識そのものはいわばイデオロギーにほかならない[8]。法のテクストは現在と未来の秩序ある実際社会のためにある以上、一般化され、安定したものでなければならないが、人間がよりよい生のあり方やよりよい実際社会のあり方に対する想像力をもつ限り、法のテクストは安定したものを知るために読まれようとするそのときにはすでに不安定化され、イデオロギー化される。われわれはそのような不安定化の中で想像力を働かせ、よりよものを見いだし再構成することができるし、そうするほかない。

　加えて不安定で柔軟な人権文化の拡張には、他者の他者性を尊重する態度が必要である。ローティは自己や自文化の正当性に対して徹底的に懐疑的になる「アイロニー」の態度、また自文化が特定の信念による被規定性の上に成り立っていることを自覚する「自文化中心主義」の態度をとりつつ、自己、自文化を中心としていまだ知らぬ他者を自らの側に引き入れる意味で、自文化の拡張という方向性を示した。それは寛容の拡張でもある。その原動力となる感情＝Sentiment は〈われわれでない者＝非人間〉を〈われわれ＝人間〉へと引き入れる[9]。

　こうしたローティの人権論は先述の通りベイアーの思想に着想を得ており、ベイアーが関わってきたケアの倫理と親和的なものとして読める（安部2006；安部 2011）。ケアの倫理のアイディアには、ローティの〈感情〉のあり方を掘り下げる点で継承するべき点がある。

　ケアの倫理は〈男性／女性〉の関係を〈正義／ケア〉、〈道徳／倫理〉の関係

に重ねて基調としつつ、人間の可能な能力や性質を〈理性／感情〉、〈自律的選択／選択不可能性〉、〈権利／責任〉といった観念に分節し、対照する。正義とは「道徳の問題は諸権利の競合から生じるものであるから、公平な裁判官のような形式的・抽象的な思考でもって諸権利に正しい優先順位を割り当てることで解決されるべきだ、とする立場」であり、ケアの倫理とは「葛藤状態にある複数の責任と人間関係のネットワークを重んじ、『文脈＝情況を踏まえた物語り的な（contextual and narrative)』思考様式」（川本 2005：2）といわれる。

F. ブルジェールはケアの倫理の性質を以下のように述べている。

　　道徳よりも、倫理こそが、公共の議論と対話に依拠する民主主義の文化に依拠している……（中略）……倫理は、実践哲学のプラグマティックな概念を重視する。過度の一般化や抽象化は、個々人の特殊性、危機、問題、弱さをともなう人間行動の多様性の理解を阻止してしまう。倫理は、心づかいによって開示される。それは、非対称的関係や、道徳原則や権利が錯綜している状況において、相互の絆、条件の平等化を可能とする（Brugère 2013=2014：49)。

ケアの倫理は道徳や権利の錯綜の中で、民主主義の精神をもつ文化としてこれらを調整し、あらたな秩序を構成できる可能性をもつ。

ケアの倫理の立場から人権論にアプローチする V. ヘルドは「我々の社会の仲間たちが適切に扱われるべきだというケアの力が十分になかったら、法的ないし政治的なシステムや人権の道具立ての働きを可能にするだけの十分な信頼と支持は得られないだろう」（Held 2015：625、強調は引用者）と主張する。権利はそれ自体として正しさの表明である。しかし権利の言語が共同体の言語ゲームとして通用する条件、そして適切にそれが運用される条件は、そのプレイヤーとしての成員の承認と配慮が必要である。

そこでヘルドは権利の概念に関して以下のように述べている。

　　権利は第一には他者に対するもの〔*against* others〕である。すなわち、政府に対して、また他の人々に対してである。ケアは特に相互の利益関心に焦点化する。私たちが他の誰かをケアするとき、私たちは第一に自分の利益が他人の損失になるとか自分の損失が他人の利益になるというような葛藤的な利益関心によっ

て自らの状況について理解しない。親として、私たちは自分の子どもに成長して
うまくやっていくことを望むのである（Held 2015：635、強調は原文）。

　そもそも「権利」という概念にはそれを使用するための合理的選択に結びつ
いた自律性という能力が想定されている。近代国家の設計とは、為政者や共同
体の抑圧から解放された個人が自律し、自由を謳歌し、また他者と相互に自由
を承認して調整をはかることで秩序を形成することにある。この自由の相互承
認と調整によって正義が追求され、確保される。法の正義はその調整として弁
証法的に追求され、立法として実体化する。

　このとき他者とは自らの自由に対して実際上の障壁になる存在、折り合いが
必要となる存在として消極的に観念されている。しかしそもそも自己とは他者
との相互作用の中で社会的に構成されていくものであり、われわれは選択不可
能な特定の他者との関わり、愛着形成、特定の他者とそうでない他者との不均
衡な相互作用を避けて生きることはできないのであるから、自己において自律
と他律の境界に必然性があるかは実のところ疑わしい。

　人権をそのような人間観、つまり人間を他者との相互行為の中で自己形成さ
れる必ずしも自律していない生き物であり、「親として、私たちは自分の子ど
もに成長してうまくやっていくことを望む」ような〈感情〉をもった生き物と
して考えた場合、諸々の権利が「適切に」扱われるにあたって、個別具体的な
状況と関係性への配慮が要求される。ベイアーは、C. ギリガンのケアの倫理
の議論に依拠しながら特定の他者へ細かな配慮をもたらす〈感情〉の働きを評
価している。

　　親が子どもを愛する上で第一に必要なことはただ苛立ちを統制することではな
　い。したがって望ましい感情の様式〔forms of emotions〕を豊かにしていくこ
　とよりも感情を統制する理性の方に基づいているカント主義者の理論がギリガン
　によって批判されているのであり、また彼女の批判は自律、対称的な関係性、自
　由に選択された関係性を中心に据えようとするその想定に向けられている（Baier
　2005：249）。

　ケアの倫理は〈正義／ケア〉や〈理性／感情〉という二項対立を本質化して一方に軍配をあげるのではない。法は正義を中核的価値とするのに対して、ケアは善を中核的価値とするものの、多くの場合において両者は、対照されるが択一的なものではなく、補完的であるという語られ方をする。

　　　男女両性にとっての発達には、権利と責任の統合が必然的に伴うように思われる。そしてその統合は、道徳上まったく別の見解〔＝二つの倫理〕が相互補完的な関係にあるとの発見を通じて実現される（Gilligan 1982＝1986：176）。

　〈権利／責任〉が補完的に捉えられ、統合されるとはどういうことか。責任とは感情という経験的な出来事と形而上の推論の境界を跨ぎながらもやや形而上に重点をおくものであり、したがって責任それ自体の倫理的作用の探求は、経験レベルの議論に着目するプラグマティックな人権論からいって関心事となりそうにない。

　しかし責任とは、望ましい感情のあり方につけられる一つの重要な条件を示していると解することはできる。

　責任概念をめぐって、社会福祉学では例えばソーシャルワーク論において児島亜紀子による研究があり（例えば、児島 2004；児島 2014；児島 2015）、福祉思想・福祉哲学においては中村剛による研究がある（例えば、中村 2009a）。そこでは、自らが他者を表象し承認するのではなく他者の呼びかけに不可避に応答する作用について述べられている。こうした受動性、応答性を望ましい感情の経験に伴うべき条件であると考えればよい[10]。

3　われわれと他者の理解

　ところで、ケアの倫理における人権は、これに加えて他者の理解においていくつかの注意を促している。この点は「全体」ではなく「全員」の幸福追求のための諸条件の保障という〈目的概念としての社会福祉〉において重要な示唆を与えるものであるのでここで言及しておきたい。

　ケアの倫理は「人権のパラドクス」に対峙している。「人権のパラドクス」とはすなわち、人権とはあるときというよりないときにこそ主張されるものである（Donnelly 1985）。ないときにこそ主張される人権は、ない人々にこそ保障されるべきものである。同様の見方として、H. アレントによると、人権とは諸権利をもつための権利である。人間であることを条件に普遍的で無条件的に保障されているにもかかわらず、また市民権を失い無国籍、無権利状態におかれた人々にこそ保障されなければならないにもかかわらず、実際には市民権が配分される空間的に限定された統治権力の内部において承認を経る以外に保障の手立てがないために、その人々こそが保障のシステムに入れないのである（Arendt 1966=1981）。

　そこでケアの倫理は均等な権利の配分という正義の構想では掬い上げられない者、市民であることから外れることで〈われわれ＝人間〉から外れる事態にある、最も周縁にいる者の声を聴き入れ、仲間として引き入れようとする。この点、ブルジェールは以下のように述べている。

　　　フェミニストの倫理とは、弱い声としての女性たちの声を理解することであり、世界に異なる仕方でかかわることである。より一般的には、最も弱い人びと、聞かれることのない人びと、認められていない人びとの声を聞くことだ。ギリガンの研究から引き出されるフェミニストの倫理とは、さまざまな搾取によって、自分の言葉を抹消されている、支配されている人々を守ることなのだ（Brugère 2013=2014：53）。

　しかしながら「聞かれることのない人びと」の声はどこまでも「聞かれることのない」ものであるから、ケアの倫理はその声を聞こうとすることを要求する一方で、その不可能性と向き合う構えをも要求している。

　岡野八代は前者をポジティヴな人権論としての「承認の政治」、後者をアポリアにあえて留まるネガティヴな人権論としての「証言の政治」とし、後者にこそケアの倫理が人権概念に認める一つの特質であるという。つまり「ある社会（＝国民国家）において権利として承認されたものは、もはや人権ではない」し、「人権が認められないがゆえに、奪われてしまったものは、決して取り返

しがつかない」（岡野 2012：336-337、強調は原文）のであり、人権とはそのような不可能なものの回復という使命を負っている。

> 　人権はつねにわたしたちの経験世界において否定されたものとして現象するからこそ、わたしたちは、そのようにしか現れることがない人権を理念・規範的価値として追い求めなければならない。また、そうすることによって、人権を否定している経験世界を変革するしかない。経験世界における人権保障が理想状態からほど遠いからこそ——ほど遠いにもかかわらずではなく——、時間をかけて、偶然のように回帰してくる沈黙の「痕跡」を、経験世界ですでに承認されている文脈に対して否をつきつける、規範的な価値をもった人権として、受け止めていくのである（岡野 2012：341、強調は原文）。

　ケアの倫理における人権観は、不可能性の自覚、すなわち聞こえていたかもしれない声、いたかもしれない存在、生じていたかもしれない傷つきに絶えざる想像力を働かせ、自己修正していくことを含んでいる。

> 　ケアの倫理は、空間的に限定されているどころか、もはやどこにも場所を占めない者たちの想起をも促す倫理でもあるのだ（岡野 2012：346）。

　ケアの倫理が人権論においてもつこの意味は、分節化が不可能と考えられる普遍的な人権を特定の保障システムの中で分節化していかなければならないとき、人権の普遍性がその実現不可能性を伴っていること、したがって人権保障システムが不可避的に排除を伴っているという自覚をもち、「絶えず自らが生きる法＝権利システムを問い質していく」（岡野 2012：347）ことを要求する。

　仮に他者を〈われわれ＝人間〉として引き入れ、その諸権利が形式上同等なものとして保障されたとしても、他者は他者として特殊の歴史をもち、特殊なおかれた状況があり、どこまでも他者性を有している。その諸権利、なによりその諸権利の淵源としての人権の内容に関する評価や修正に際しては、逆説的だが、観念しうる人々を最大限に〈われわれ＝われわれでない者＝人間〉として臨む人間観や世界観をもたなければならない（ただ、それには人並み以上に理性的でないといけないようにも思われるが）。

　こうしてケアの倫理における人権が想定する不可能性の自覚と想像力は、「全員の」幸福追求の諸条件の実現を目指す〈福祉の理念としての人権〉の観念の仕方に、その条件として結びつく。筆者は第2章のおわりで、社会福祉学は人権を標榜しても、自身に愛着のある特定カテゴリの人々から拡張的に観念し、扱うテーマを選別し人間を選別するため、これを自覚し、無限に修正していく態度をとるべきだと述べた。その例として児童家庭福祉論における親はたとえ「親支援」として目的化されるときでさえ、彼・彼女自身が目的として扱われるのではなく、子どもの養育機能として手段化されていると述べた。この親もまた、すでに〈われわれ＝人間〉として扱われている建前なのであるが、人権論者であれば、〈われわれ＝われわれでない者＝人間〉として、その声を聞く方法を模索するだろう。

　ほかに、〈われわれ＝われわれでない者＝人間〉にどのような人々がいるだろうか。岡野は慰安婦を例にしているが、沖縄の米軍基地もそのような例であろう。沖縄県以外にいる者の立場、あるいは生活世界において基地と関わりの薄い立場からは、沖縄県の住民は同じ〈われわれ＝日本人〉として観念され、同じ法システムの内部に置かれている中で、同じ日本人であるのだから日本国全体のためになるような議論を進めるべきだ、という声もあるだろう。しかしその一方で、沖縄県の住民としては、独自の歴史と文化と政治的文脈をもつ、沖縄県の住民としての他者性が配慮される余地もある。

　ここで一番ヶ瀬が社会福祉学を批判し福祉文化論を開拓する一つの動機となった、社会福祉学における歴史研究の軽視が思い起こされる。社会福祉教育における歴史研究は社会事業史学会のような社会福祉史、つまり〈実体概念としての社会福祉〉の歴史であるが、一番ヶ瀬はおそらくそれとは別に、福祉文化論において〈実体概念としての社会福祉〉にとらわれない独自の歴史と文化と政治的文脈をもつ人々の生活史、その背景をなす日本史ないし世界史としての歴史研究の必要性について意識していた。この意味でも福祉文化論は社会福祉学に重要な視野を提起するものといえよう。

4　社会福祉学における人権論と人権文化論

　社会福祉学における人権論には〈福祉の理念としての人権〉を起点としていくつかの展開があるが、運動論の旗手であった一番ヶ瀬康子が後期に模索したのが、制度・政策・サービス体系としての〈実体概念としての社会福祉〉の外側にある、福祉文化としての人権文化である。それは社会福祉専門職の主導ではなく国民一人ひとりが〈福祉の理念としての人権〉を観念し、充実と拡張を目指すものであり、その条件として「共感と連帯の感情」が求められる。

　人権文化の構想においては、人権に〈感情〉と〈文学性〉という要素が結びついて連動している必要がある。〈人間の尊厳〉の危機としての残酷さに対する、望ましい感情が人権という権利の言語に文学性を帯びて「流入」することで〈福祉の理念としての人権〉が構成され、これが人権論一般の語彙に繋がりながら、〈実体概念としての社会福祉〉の形成を含むいくつかの筋道で、社会改良に参画する。

　そのような人権文化は、人権論一般における位置づけとして、同様にプラグマティックな人権文化の構想をもつローティ＝ケアの倫理における人権論に接続でき、展開的に理解できる。

　文学と異なり、権利の言語としての人権には〈感情〉に関する事柄をそのまま記述することはできない。しかしながらその読み手が望ましい感情に裏付けられ、記述の複雑なコンテクストを認めることによって人権は単に権利義務や要件効果といった法的諸関係ではなく、地域性や歴史性に裏づけられたある種の文学性が根づいた言語になる。

　人権文化の構想における望ましい〈感情〉のあり方として、悲しい物語に反応できるような"Sentiment"をもって他者を〈われわれ＝人間〉に引き込み、共感能力を前提に配慮を実践することが求められるが、国民一人ひとりがその力を醸成することで、われわれは共感能力を超えたより積極的な権利主張の力"Emotion"をもつことができる。

　私たちは正義が実現されたのを見るとき、例えば不当に投獄されていた人が自由になったり、長く圧政に押しつぶされていた人が立ち上がって声をあげる権利を要求したりするとき、私たちは自らの内に、ある深い感情〔a deep emotion〕が込み上がるのがわかる。その感情は私たちが公正な世界で生きたいと切に願っていることによるものである。諸権利は、精緻すぎて、形式ばっていて、無味乾燥なものかもしれないが、それらは、この切なる願いを表現する最たる手段なのである（Ignatieff 2000：2）。

　その強力な感情とは、ときに破壊的である。しかしそれでも感情の集合は社会の変革において力をもちうるものであり、あらゆる社会的政治的な事物は、これと付き合い続け、その望ましいあり方を追求し続けなければならない。

　何度も引用してくどいことは承知だが、一番ヶ瀬は社会福祉理論の研究者の企画において「キリスト教であろうと、仏教であろうと、マルキストであろうと、その思いをつぎ込んで、そして現実の世の中に表現したい言葉」（阿部・秋山・一番ヶ瀬ほか 1989：314、傍点は引用者）を人権に託していた。その「思い」が人権という権利の言語に込められるとき、その解釈や記述はたとえ既存の法のテクスト、法体系、体制に対して破壊的であっても、〈目的概念としての社会福祉〉にとって創造的かどうかが評価の対象となる。

　一番ヶ瀬は社会福祉理論の研究者の立場から、「社会福祉研究者の今日的任務」として「創造的な解釈」が重要であると述べていた点は示唆的である。

　　今日、たんなる解釈論にもとづいた法律論だけではなく、まさに現実に結びついた創造的な解釈がなければならない。それらを媒介にした政策提案がなされなければならない（一番ヶ瀬 1985：8）。

　「創造的な解釈」の視点では、人権やそこから生起する諸権利の解釈は法学者のものではない。一番ヶ瀬は福祉文化論において、例えば「旅は人権」のような表現で、追求しようとしたのである。解釈と記述の文学性は、福祉文化論の視点で述べたが、社会福祉学における運動論に指針を与えるものとして摂取できる。

　ローティは感情教育のための「物語」の力を強調し、『道徳形而上学原論』

『共産党宣言』『聖書』のような書物を『アンクルトムの小屋』と同様の「物語」として読むことを勧める（Rorty 1993）。その立場は、人権を世界史的、日本史的、文化史的な物語として読むものを勧めること、すなわち日本国憲法第25条や第13条、あるいはあらゆる法のテクストの個別の条文の文尾に「と、これまでのわれわれは信じてきた」という語を補って読むことを勧めるのと同じである。そのとき、読み手は同時に〈われわれ〉とは誰だったのか、〈われわれ〉はどこまで〈われわれ〉なのか、これからはどうなのかという問いが投げかけられている。そしてその次には、〈われわれ〉の全員に共通の何か — ニードのようなもの — を明らかにしてそれらが与えられるかよりも、単に〈われわれ〉の全員が人間の尊厳を確保されて生きていると感じられるためにはどうすればよいかという問い、つまり物語の続きの記述に関する問いが投げかけられている。

注
1)　2016年2月に投稿された「保育園落ちた日本死ね！」の匿名ブログが話題となり、待機児童問題への注目が集まった。保育所が利用可能になる場合、権利義務関係は発生するだろうが、投稿者や投稿者に共感する人々は保育所を利用できる人々と自分たちが同じ権利者であると主張したり、当然に権利が得られることを説明したり、具体的な権利を直接的に要求したりしたわけではない。一億総活躍社会というある種の〈福祉の理念〉と実際社会の落差に対する怒りや失望、現実の生きづらさが身体性を帯びて伝わり、共感を呼んだのである。待機児童問題をめぐっての政府への攻撃や国家的対応の要求が妥当かどうかはともかく、我々は良かれ悪かれ社会福祉に関して〈理念〉や〈感情〉の力を再確認したのではないか。
2)　一番ヶ瀬は『シリーズ福祉のこころ』（全5巻、旬報社）の編者や著者として関わっている。この出所は日本福祉文化学会ではないようだが、シリーズを一貫する一番ヶ瀬の「刊行のことば」では明らかに「福祉の心」を福祉文化との関係で捉えている文脈である。
3)　人権論以外の文脈でいえば、「福祉のこころ」の強調を通しての行政批判（「福祉のこころ」の投げ返し）の必要性が指摘されていたことや、あるいは、従来の社会保障や福祉行財政の貨幣中心的な社会福祉にもみられた、日本社会に蔓延する「人間生活における拝金主義、物質万能、生産優位の経済開発中心主義」への対抗としての「精神主義、こころの安らぎ、福祉優位の社会開発中心主義への指向」（佐藤 1978：24）が語られていたことにも留意すべきである。後者に関連して安藤順一は「すなわち福祉は、人間全体が精神の充実を求めて、相互に努力しあっていくところに存在する極めて人間的な行為をさす」（安藤 1985：155）と

した上でモノ・カネ的な思考の対極に福祉を位置付ける形で「福祉のこころ」を構想している。同様に阿部志郎も「福祉のこころ」が登場した背景としての高度経済成長の「ひずみ」、すなわち労働・生産能力で人間の価値を計量する人間観、家族と国家の中間にあるコミュニティの連帯感の欠如、公害など、総じて経済成長が国民福祉に接続しなかったことを指摘している（西村・日高・井岡ほか 1977：64）。また、「福祉の心」はそこに何らかの本質があるのではなく、一人ひとりがその言説を取捨選択し、自らの習慣を問い、修正していくにあたって活かすべき資源と捉えることで、蓄積されてきた実践者たちの経験と思考の豊かさを損ねず、かつ有用なものと捉えられるという立場もある（篠原 2016）。

4) 〈人間／非人間〉の区別から自分たちと同じ人間ではなく「偽の人間」〔pseudohumanity〕を抑圧しているという感覚が生じ、〈人権〉の侵害が起こるのである。その区別とは例えば十字軍が人間と異教徒を分けたこと、ブラック・ムスリムが人間と青い眼をした悪魔を分けたこと、ジェファーソンがすべての人間が造物主から奪い得ない権利を授かっていることと奴隷を所有することの間に矛盾を感じなかったこと、"man" が男性を表すことが挙げられている（Rorty 1993）。今日の日本における卑近な例を挙げると、典型的ゆえに幼稚であるが、いわゆるヘイトスピーチもまた特定のカテゴリに属する人々に対して「ゴキブリ」などの〈人間／非人間〉を区別する言葉が投げかけられている。

5) それどころかローティによれば「等しきものは等しく」という正義の原則さえ「愛着」〔loyalty〕という感情的な繋がりの拡張可能性に根差しているとされ（Rorty 1993）、「理性を感情の一部として」（大賀 2007：37）捉えることも可能とされる。それはヒュームのように〈感情〉を〈理性〉と切り離して人間の本性とする議論ではなく「何について議論するべきかに関する実践上の推奨〔practical recommendation〕であり、道徳的な問いに関する論争を最もよい形で進めていく言葉のあり方についての提案」（Rorty 1999：85）というあくまでプラグマティックな意味において理解されるべきである。渡辺幹雄はこれについて「問題なのは、存在（自然）ではなく、語り方（言語）の方」（渡辺 1999：272）であるとまとめている。

6) この "Sentiment" にあたる概念は他の論者もさまざまな表現をしており、道徳＝義務を重んじる表現では、例えば T. ラカーはこれを「道徳的想像力」〔moral imagination〕と呼んでいる（Laqueur 2001）。社会福祉学においては吉崎祥司のいう「内発的義務」（吉崎 2014）がこれにあたる。

7) 人権論において〈人間の尊厳〉は、えてして何らかの聖性と結びつけられており、社会福祉学でもそうであるが（例えば、西尾 2004；中村 2009b；平松 2009）、そのような〈人間の尊厳〉や人権の観念は宗教的にも哲学的にもさまざまな批判の対象となってきた。例えばイスラム的価値観、アジア的価値観、西洋のポストモダニズムからの抗議は熟議や妥協で容易に解消できるものではないし、また人間は実際には残酷であり、聖性を帯びた〈人間の尊厳〉のために行われる人権侵害もありうる（Rorty 1993；Ignatieff 2001ab）。そうであるか

ら、さしあたり〈人間の尊厳〉とはこれに敬意を払うという行為によって生起する（Goodin
1982）、という程度に捉えるほうがよいし、それは悲しい物語に反応する人間の〈感情〉の
力への信頼と考える方がよい。

8)　この点、アルチュセール（Althusser 1995=2005）によると〈法〉とは道徳的、形而上学
的、政治的平等とは無関係の、実定法たる諸規定の体系内部における自由や平等などのあり
方を指す。これはいわばテクストそのものであり、モノ自体のような実在性である。これに
対し〈法的イデオロギー〉という作用があり、それは〈法〉の諸規定の外部における言説に
よって与えられる。法学者や法専門職などの解釈行為が生産するさまざまな体系的知識はこ
れにあたる。さらに〈法的イデオロギー〉は「義務を負わされている」という良心に関わる
感覚や認識によって補完されることによって実際的効果をもつのであって、この承認を与え
るものが〈道徳的イデオロギー〉であるとされる。これらの対応関係について判断が異なり
うるのは裁判官の解釈・記述行為であって、法社会学的立場から裁判官の法創造機能や可謬
性、偶然性を重視すれば〈法的イデオロギー〉であるが、裁判所の権威を最大限に尊重する
と〈法〉と同一視するかもしれない。しかし研究者や現役裁判官以外の法専門職の解釈・記
述行為は〈法的イデオロギー〉に位置するはずである。このとき法の言語には法そのものを
改変することなく改変される力が働いている。

9)　それは要するに〈理性〉による〈感情〉の抑制ともとれるが、〈理性／感情〉という区別に
は便宜しかないので、望ましい〈感情〉のための条件、という呼び方をしている。

10)　特に法において、人権のプログラムを実現するにあたって望ましい感情の条件として、よ
り直接的に経験のレベルで一定の立場を示す議論もある。ヌスバウムは『感情と法 ── 現代
アメリカ社会の政治的リベラリズム』（Nussbaum 2004=2010）において、主に刑事事件に
関する法の形成と運用に着目しながら、法の感情的な起源を探っている。犯罪に関する法は
理性の命令というよりも、犯罪の残酷さ、苦痛、人間の尊厳の剥奪に対するわれわれの怒り
を権利の言語として表現したものである。すなわち法とはある社会のメンバーが共有する感
情の表現である。しかし感情には善なる感情と悪なる感情がある。嫉妬や嫌悪や恥辱は、人
間の身分の差を前提し、他者の不幸を願う悪に結びついた感情である。法は善なる感情に基
づいていなければならない。それは人間的生を侵害するものへの怒りや他者への共感である。
したがってヌスバウムはそのような感情こそが法の基盤となるべきであると主張する。

お わ り に

　本書は博士論文「社会福祉学における人権論の構想」（2017 年、大阪府立大学大学院人間社会学研究科社会福祉学専攻）を著書として修正したものである。

*

　本書（本論文）を執筆するにあたり、多くの方々から温かいお力添えを頂だきました。誠心より感謝申し上げます。

　まず、並々ならぬご指導ご鞭撻を賜りました、児島亜紀子先生に深く感謝申し上げます。博士後期課程から社会福祉原論研究を行う私を受け入れて下さり、入学後も博士論文に一点集中できず「満足な豚」のように生きていた私を辛抱強く見守って下さいました。また論文指導のみならず、博士論文の何たるか、研究者としての心構えといった基本から、先生にはさまざまな面でご指導を賜りました。特に予備審査、本審査の直前には、ご多忙中と知りながら何度も草案を送り付け、大変なお手数をおかけしながら、それでも懇切丁寧にご指導くださいましたこと、本当に感謝しております。先生のご指導は、私の今後の研究活動の大きな糧となるのみならず、今後私自身が学生に指導する立場として、その模範を与えて下さるものであります。

　すでにいろいろな人から指摘されていたことですが、私は自分でも不思議なくらい、つくづく謝辞を述べることにセンスがないと感じております。不肖の弟子というのは、ただの謙遜の言葉のようですが、私を知る人であれば納得する言葉だろうと思います。謝辞にあたるこの文を書くことさえ、ご迷惑にならないかと思うほどです。学会でもどこでも「お前は誰の門下で学んだのか」と聞かれるたびに私は心苦しく感じております。

　またご多忙の中副査として審査にあたって頂きました東優子先生、西田芳正先生に深く感謝申し上げます。田垣正晋先生にも中間報告会のみならず日頃より貴重な助言を頂きました。そのほか、社会福祉学専攻の先生方一人ひとりに、本当に感謝しております。

　博士前期課程のときに法社会学研究室で並々ならぬご指導を賜りました和田安弘先生にも深く感謝申し上げます。私の博論の構成・手順は和田先生の博論を参考にしたものです。先生のおかげで私の博論の構成・手順が（少なくとも私の脳内では）非常にクリアになりました。

　社会福祉学専攻の院生や先輩の皆さまには、研究にとどまらず院生生活に関しても相談に乗っていただき、多くのご支援をいただきました。A4棟3階院生室の本棚の多くを何年も占領し、院生生活の憂いの昇華と称したわけのわからぬアート作品を勝手に並べたり、見知らぬ子どもを泣かせたりしたこともありました。また、せめてもの恩返しとして院生の研究会で一仕事しようというときに肺炎にかかり入院してしまったにもかかわらず、温かく、寛容に接していただきました。皆さまの優しさのおかげで執筆を終えることができました。

　また学部生の頃にお世話になった同志社大学と京都府立大学の先生方、職場としてお世話になった障害者入所施設や特別養護老人ホームの皆さま、奈良教育大学の先生方（半同棲生活をした教育思想史の後藤篤先生！）、非常勤でお世話になった清恵会医療専門学院、関西福祉科学大学、奈良県立医科大学の皆さまにも深く感謝申し上げます。皆さまとの一つひとつの出会いと経験があってここまでこれました。ありがとうございました。

　そして現在お世話になっている福島県いわき市の東日本国際大学の皆さまに深く感謝申し上げます。いわき市は東日本大震災や浜通り地震のみならず、台風19号の被災、そしてその後の新型コロナウイルスの感染など、試練の多い町ですが、この町で社会福祉の専門教育に携わり、さまざまな背景をもつ学生たちとともに奮闘と成長の日々を過ごせていることを誇りに思います。今後とも精進します。

使用文献

安部彰（2006）「R・ローティ『人権』論の精査 ― その批判的継承に向けて」立命館大学『Core ethics：コア・エシックス』2, 1-15.

安部彰（2011）『連帯の挨拶 ― ローティと希望の思想』生活書院

阿部志郎（1997）『福祉の哲学』誠信書房

阿部志郎（2008）『福祉の役わり・福祉のこころ』聖学院大学出版会

阿部志郎・秋山智久・一番ヶ瀬康子ほか（1989）「社会福祉研究における思想と理論」大塚達夫・阿部志郎・秋山智久編『社会福祉実践の思想』ミネルヴァ書房, 284-318.

Althusser. L., 1995, *Sur la reproduction*, Presses universitaires de France（=2005, 西川長夫・伊吹浩一・大中一彌ほか訳『再生産について ― イデオロギーと国家のイデオロギー諸装置』平凡社）

秋元美世（2003）「社会福祉と権利」古川孝順・副田あけみ・秋元美世編著『現代社会福祉の争点（下）：社会福祉の利用と権利』中央法規, 29-52.

秋元美世（2008）「ソーシャルワークと法学」秋元美世・本沢巳代子編『ソーシャルワーカーのための法学〔第2版〕』有斐閣, 302-324.

秋元美世（2010）『社会福祉の利用者と人権 ― 利用関係の多様化と権利擁護』有斐閣

秋元美世（2014）「社会福祉における権利構造の特徴と課題」鉄道弘済会社会福祉第一部『社会福祉研究』120, 5-12.

秋山智久（1982）「『社会福祉哲学』試論 ― 平和・人権の希求と社会福祉的人権観の確立」鉄道弘済会社会福祉部編『社会福祉研究』30, 14-19.

秋山智久（2004）「人間福祉とは何か」秋山智久・平塚良子・横山穣『人間福祉の哲学』ミネルヴァ書房, 2-16.

秋山智久（1982）「『社会福祉哲学』試論 ― 平和・人権の希求と社会福祉的人権観の確立」鉄道弘済会社会福祉部『社会福祉研究』30, 14-19.

安藤順一（1985）「人間と福祉についての考察 ― 福祉の心を求めて」『名古屋女子大学紀要』(31) 155-164

Arendt. H., 1966, *The origins of totalitarianism*, New Edition, Harcourt Brace Jovanovich Publishers（=1981, 大島かおり・大島通義訳『全体主義の起原2：帝国主義』みすず書房）

旭洋一郎（2012）「生存権と社会福祉」川池智子編著『社会福祉の新潮流① 新社会福祉論』学文社, 220-227.

馬場清（2005）「『福祉文化』概念の再検討と今後の研究の方向性」日本福祉文化学会『福祉文化研究』14, 49-57.

Baier. A., 2005, The Need for More than Justice, Cudd. A. E. and Andreasen. R. O. eds, *Feminist theory: a philosophical anthology*, 243-250.

Brugère. F., 2013, *L'Éthique du "care"*（Coll. "Que sais-je?" no3903, PUF. Paris）（=2014, 原山哲・山下えり子訳『ケアの倫理 — ネオリベラリズムへの反論』白水社、なお原著の情報はこの訳書127頁の記述に従った）

Cayley. D., 1992, *Ivan Illich in conversation*, House of Anansi Press（=2005, 高島和哉訳『生きる意味 —「システム」「責任」「生命」への批判』藤原書店）

大宮司信（2011）「パースのプラグマティズムに依拠した精神病理学構築の試み」北翔大学紀要『人間福祉研究』14, 55-66.

Dewey. J., 1910, *Influence of Darwin on Philosophy and Other Essays in contemporary thought*, H. Holt and Company.

Donnelly. J., 1985, *The Conception of Human Rights*, Croom Helm

遠藤美奈（2012）「『生存』権を超えて — 二五条へのひとつの視座」憲法理論研究会編『危機的状況と憲法』啓文堂, 83-96.

藤井聡（2012）『プラグマティズムの作法 — 閉塞感を打ち破る思考の習慣』技術評論社

藤野寛（1998）「帰属について」関西倫理学会『倫理学研究』28, 123-130.

船曳宏保（1986）「現代社会福祉の考え方」小田兼三・高田真治編著『現代社会福祉 — 視点・分野・展望』川島書店, 31-39.

船曳宏保（1993）『社会福祉学の構想』新評論社

古川孝順（1994）『社会福祉学序説』有斐閣

古川孝順（2009）『社会福祉の拡大と限定 — 社会福祉学は双頭の要請にどう応えるか』中央法規出版

古川孝順（2012a）「変革期社会福祉学の展望」一般社団法人日本社会福祉学会編『対論 社会福祉学1』中央法規, 4-25.

古川孝順（2012b）『社会福祉学の探究』誠信書房

Gilligan. C., 1982, *In a Different Voice: Psychological Theory and Women's Development*, Harvard University Press（=1986, 岩男寿美子監訳『もう一つの声 — 男女の道徳観のちがいと女性のアイデンティティ』川島書店）

Goodin. R., E., 1982, The political theories of Choice and Dignity, *American Philosophical Quarterly*, volume 18, No.2, April, 91-100.

畠山寛（2015）「保育実践場面における保育者の『行為の中の省察』— 保育者の想起に基づいて」日本保育学会『保育学研究』53（2）, 127-37.

Held, V., 2015, Care and Human Rights, Cruft. R., Liao. S. M., and Renzo. M. eds, *Philosophical Foundations of Human Rights*, Oxford University Press, 624-641.

樋口陽一（1994）『一語の辞典 — 人権』三省堂

平松正臣（2009）「現代社会福祉における人権問題」関西社会福祉大学社会福祉研究会編『現代の社会福祉：人間の尊厳と福祉文化』日本経済評論社，24-41.

平田厚（2012）『権利擁護と福祉実践活動 ― 概念と制度を問い直す』明石書店

星野信也（2002）「社会福祉学の失われた半世紀 ― 国際標準化を求めて」鉄道弘成会社会福祉部編『社会福祉研究』83，70-75.

星野貞一郎（1998）『社会福祉原論』有斐閣

Hunt. L., 2007, *Inventing Human Rights: A History,* New York London, W. W. Norton

一番ヶ瀬康子（1964）『社会福祉事業概論』誠信書房

一番ヶ瀬康子（1975）「社会福祉への視点」一番ヶ瀬康子・真田是編著『社会福祉論〔新版〕』有斐閣双書，1-12.

一番ヶ瀬康子（1985）「社会福祉研究者の今日的任務」『賃金と社会保障』921，5-9.

一番ヶ瀬康子（1987）「福祉教育とは何か」一番ヶ瀬康子・小川利夫・木谷宣弘ほか編著『シリーズ福祉教育1：福祉教育の理論と展開』光生館，1-15.

一番ヶ瀬康子（1989）『現代社会福祉の基本視角』時潮社

一番ヶ瀬康子（1994）『一番ヶ瀬康子 社会福祉著作集 第1巻：社会福祉とは何か』労働旬報社

一番ヶ瀬康子（1997a）「福祉文化とは何か」一番ヶ瀬康子・河畠修・小林博・薗田碩哉編『福祉文化論』有斐閣ブックス，1-11.

一番ヶ瀬康子（1997b）「21世紀へむかって」一番ヶ瀬康子・河畠修・小林博・薗田碩哉編『福祉文化論』有斐閣ブックス，263-270.

一番ヶ瀬康子（1997c）『福祉文化へのアプローチ』ドメス出版

一番ヶ瀬康子（1999a）「戦後社会福祉研究の総括と二一世紀への展望 ― 自らの研究史を前提に」一番ヶ瀬康子・高島進・高田真治ほか『講座 戦後社会福祉の総括と二一世紀への展望：Ⅰ 総括と展望』ドメス出版，39-61.

一番ヶ瀬康子（1999b）「21世紀に向けた福祉のまちづくり」日本福祉のまちづくり学会『福祉のまちづくり研究』1（1），2-7.

一番ヶ瀬康子（1999c）「これからの福祉のまちづくり」日本福祉のまちづくり学会『福祉のまちづくり研究』1（2），20-25.

一番ヶ瀬康子（2000）「二一世紀の地域における福祉政策のあり方」『月刊自治フォーラム』495，35-40.

一番ヶ瀬康子（2007）「一番ヶ瀬康子先生が語る『わたしの研究史』」長崎純心福祉文化研究会『純心福祉文化研究』5，1-25.

一番ヶ瀬康子・河畠修編（2002）『福祉のこころ』旬報社

一番ヶ瀬康子・桜井里二・河畠修ほか（1997）「福祉文化学会は何を目指すのか ― 変革の時代の福祉を問う」『福祉文化研究』6，3-19.

アイフ・ジム（2001）「〈グローバル化する社会におけるソーシャルワークの視点 ― 国際ソー

シャルワーカー連盟 2000 年大会基調講演〉ローカルとグローバルな実践 ― ソーシャルワークを新しい地球秩序における人権専門職として再考する」(岩崎浩三訳) 日本ソーシャルワーカー協会調査研究委員会『ソーシャルワーカー』6, 2-17.

Ignatieff. M., 1984, *The Needs of Strangers*, Viking (=1999, 添谷育志・金田耕一訳『ニーズ・オブ・ストレンジャーズ』風行社

Ignatieff. M., 2000, *The Rights Revolution*, House of Anansi Press

Ignatieff. M., 2001a, Human Rights as Idolatory, Gutmann. A. ed., *Human Rights as Politics and Idolatry*, Princeton and Oxford: Princeton University Press, 53-98.

Ignatieff. M., 2001b, Dignity and Agency, Gutmann. A. ed., *Human Rights as Politics and Idolatry*, Princeton and Oxford: Princeton University Press, 161-173.

池田和彦 (2001)「福祉文化論の行方」種智院大学仏教福祉学会『佛教福祉学』4, 1-15.

池田敬正 (1986)『日本社会福祉史』法律文化社

池田敬正 (2005)『福祉原論を考える』高菅出版

池田敬正 (2011)『福祉学を構想する』高菅出版

石川健治 (2002)「人権論の視座転換 ― あるいは『身分』の構造転換」『ジュリスト』1222, 2-10.

磯部幸子 (2010)「地域社会の崩壊と新しいコミュニティづくり ― 地域社会における『日常生活』をめぐって」日本福祉文化学会編集委員会『新・福祉文化シリーズ 3：新しい地域づくりと福祉文化』明石書店, 20-44.

糸賀一雄 (1968)『福祉の思想』NHK ブックス

伊藤邦武 (2016)『プラグマティズム入門』ちくま新書

岩間文雄 (2010)「福祉文化研究の今日的課題」関西福祉大学『社会福祉学部研究紀要』13, 177-182.

岩間伸之 (1994)「スーパービジョン」大塚達夫・井垣章二・沢田健次郎ほか編著『ソーシャル・ケースワーク論 ― 社会福祉実践の基礎』ミネルヴァ書房, 184-199.

岩崎武雄 (1958)「プラグマティズムの思想史的意義」岩崎武雄編『講座 現代の哲学Ⅲ プラグマティズム』有斐閣, 1-31.

岩田正美 (1975)「日本の社会福祉運動」一番ヶ瀬康子・真田是編著『社会福祉論』有斐閣, 243-253.

James. W., 1922 *Pragmatism: A new name for some old ways of thinking*, Longmans, Green and Co.

James. W., 1987 Some Problems of Philosophy: A Beginning of an Introduction to Philosophy, in *William James: Writing 1902-1910*, Literary Classics of the United States, 980-1106.

新保哲 (2005)『仏教福祉のこころ ― 仏教の先達に学ぶ』法蔵館

賀戸一郎 (2010)「高齢者福祉と人権・権利の擁護 ― ソーシャルワーカーに求められる使命・

役割」西南学院大学『人間科学論集』6 (1)，35-84.

片居木英人 (2001a)『社会福祉における人権と法〔3訂版〕』一橋出版

片居木英人 (2001b)「最低限度生活から生活の質への権利へ ― 生活保護裁判：秋田・加藤訴訟を手掛かりに」北翔大学『人間福祉研究』4，119-137.

片居木英人 (2001c)「若者が発する福祉文化 ― 人権文化としての福祉文化」日本福祉文化学会『福祉文化研究』10，4-11.

加藤博史 (2008)『福祉哲学 ― 人権・生活世界・非暴力の統合思想』晃洋書房

加藤博史 (2011)『共生原論 ― 死の質，罪の赦し，可傷性からの問い』晃洋書房

加藤博史 (2013)『社会福祉の定義と価値の展開 ― 万人の主権と多様性を活かし，格差最少の共生社会へ』ミネルヴァ書房

加藤尚武 (1991)『環境倫理学のすすめ』丸善ライブラリー

河東田博 (2009)『ノーマライゼーションの原理とは何か ― 人権と共生の原理の探究』現代書館

川本隆史 (2005)「《ケアの倫理学》への招待 ― ケアと社会のインターフェイスを点検する」川本隆史編『ケアの社会倫理学 ― 医療・看護・介護・教育をつなぐ』有斐閣選書，1-45.

川田誉音 (2013)「社会福祉とソーシャルワーク」大友信勝・永岡正己編著『社会福祉原論の課題と展望』高菅出版，77-105.

瓦井昇 (2006)『新版 福祉コミュニティ形成の研究』大学教育出版

木原活信 (1998)『J. アダムズの社会福祉実践思想の研究』川島書店

木原活信 (2014)『社会福祉と人権』ミネルヴァ書房

木谷宣弘 (1987)「福祉教育実践と社会福祉」一番ヶ瀬康子・小川利夫・木谷宣弘ほか編著『シリーズ福祉教育1：福祉教育の理論と展開』光生館，135-156.

Kohs, S. C., 1966, *The Roots of Social Work*, Association Press（=1989，小島蓉子・岡田藤太郎訳『ソーシャルワークの根源 ― 実践と価値のルーツを求めて』誠信書房，なお原著の情報はこの訳書187頁の記述に従った）

児島亜紀子 (2004)「認識に先立つ召喚 ― レヴィナスから援助原理へ」大阪府立大学社会福祉学部『社會問題研究』53 (2)，1-26.

児島亜紀子 (2014)「『顔』への応答を起点とする正義 ― ソーシャルワーク論とレヴィナス思想の交錯」大阪府立大学人間社会学部社会福祉学科『社会問題研究』63，39-52.

児島亜紀子 (2015)「『他者に基礎づけられた倫理』の可能性 ― 傷つきやすい他者への応答」児島亜紀子編著『社会福祉実践における主体性を尊重した対等な関わりは可能か ― 利用者・援助者関係を考える』ミネルヴァ書房，2-26.

児島美都子 (1980)『福祉のこころ 福祉の実践』労働旬報社

空閑浩人 (2012)「ソーシャルワーカーとその実践を支える『知』の形成」空閑浩人編著『ソーシャルワーカー論 ― 「かかわり続ける専門職」のアイデンティティ』ミネルヴァ書房，1-

16.

黒木保博（2014）「人権感覚を育む社会福祉系大学における教育課程の課題」鉄道弘済会社会
　福祉第一部編『社会福祉研究』120，29-36.

京極高宣（1995）『社会福祉学とは何か──新・社会福祉原論』全国社会福祉協議会

京極高宣（2001）『儒教に学ぶ福祉の心──「言志四録」を読む』明徳出版社

Laqueur. T. W., 2001, The Moral Imagination and Human Rights, Gutmann. A. ed., *Human
　Rights as Politics and Idolatry*, Princeton and Oxford: Princeton University Press, 127-
　139.

牧賢一（1966）『コミュニティ・オーガニゼーション概論──社会福祉協議会の理論と実際』全
　国社会福祉協議会

増子勝義（2006）『福祉文化の創造』北樹出版

松井二郎（1992）『社会福祉理論の再検討』ミネルヴァ書房

松本和彦（2007）「基本的人権の保障と憲法の役割」長谷部恭男・土井真一・井上達夫ほか編
　『岩波講座 憲法2：人権論の新展開』岩波書店，23-48.

松本峰雄（2002）『福祉と人権』明石書店

南野森（2013）「人権の概念──憲法・憲法学と『人権』」南野森編著『憲法学の世界』日本評
　論社，120-134.

三島亜紀子（2010）「社会福祉の教育と研究における社会学」『社会学評論』61（3），307-320

宮田和明（2012）「再編期の社会福祉と社会福祉政策論」河合克義編著『福祉論研究の地平』
　法律文化社，1-20.

宮沢俊義（1971）『憲法Ⅱ〔新版〕』有斐閣

森井利夫（1992）「社会福祉援助技術の概要」森井利夫編『社会福祉援助技術──ソーシャル
　ワーク入門』学文社，11-28.

村山幸輝（1995）『キリスト者と福祉の心』新教出版社

中垣昌美編著（2004）『社会福祉学原論』さんえい出版

中川淳平（2013）「プラグマティズムと経営管理論」『駒澤大学経営学部研究紀要』42，1-21.

中村睦男（2003）「基本的人権としての生存権」全国公的扶助研究会編『公的扶助研究』30，4
　-14

中村剛（2009a）『福祉哲学の構想──福祉の思考空間を切り拓く』みらい

中村剛（2009b）「社会福祉における尊厳と福祉文化の創造──尊厳・ハビトス・福祉文化」関
　西社会福祉大学社会福祉研究会編『現代の社会福祉──人間の尊厳と福祉文化』日本経済評
　論社，3-23.

中村剛（2010）『社会福祉学原論──脱構築としての社会福祉学』みらい

中村剛（2011）「福祉哲学とは何か──『超越論的次元を踏まえた社会福祉学の構想』の序論と
　して」大阪大学大学院紀要『メタフュシカ』42，123-134.

中村剛（2012）「福祉思想におけるケアの倫理の可能性 ― 正義の倫理を補完する福祉思想」『関西福祉大学社会福祉学部紀要』15（2），37-44.

仲村優一（1962）「ケースワークにおける折衷主義の立場 ― パールマンを中心として」日本社会事業大学研究紀要『社会事業の諸問題』10，110-121.

永岡正己（2014）「社会福祉における権利の思想的変遷」鉄道弘済会社会福祉第一部編『社会福祉研究』120，20-28.

永山誠（2004）「福祉文化を研究する視点」日本福祉文化学会『福祉文化研究』13，2-3.

永山誠（2010）「新しい社会福祉と福祉文化」日本福祉文化学会編集委員会『新・福祉文化シリーズ1：福祉文化とは何か』明石書店，74-86.

永山誠（2011）「福祉文化の二つの潮流とその論点 ― 行政側の福祉文化を理解する」日本福祉文化学会編集委員会『新・福祉文化シリーズ5：福祉文化学の源流と前進』明石書店，69-93.

中里操夫（2001）「現代社会福祉概論」川池智子・田畑洋一・中里操夫編著『現代社会福祉概論』学文社，1-46.

NHK放送文化研究所編（2020）『現代日本人の意識構造〔第9版〕』NHK出版

日本社会福祉学会編（2004）『社会福祉学研究の50年 ― 日本社会福祉学会のあゆみ』ミネルヴァ書房

西村秀夫・日高登・井岡勉・阿部志郎（1977）「なぜ『福祉の心』が強調されるのか」『社会福祉研究』21，64-75.

西三郎（1999）「はじめに」西三郎編『人間福祉の発展をめざして』勁草書房，i-vii.

西尾祐吾（2004）「社会福祉と人間の尊厳について」『福祉県立大学論集』24，33-51.

野尻武敏（1997）『21世紀と生活協同組合』晃洋書房

Nussbaum. M. C., 2000, *Women and Human Development: The Capabilities Approach*, Cambridge University Press

Nussbaum. M. C., 2004, *Hiding from Humanity: Disgust, Shame, and the Law*, Princeton University Press（=2010，河野哲也監訳『感情と法 ― 現代アメリカ社会の政治的リベラリズム』慶應義塾大学出版会）

Nussbaum. M. C., 2006, *Frontiers of justice: Disability, Nationality, Species Membership*, Belknap Press（=2012，神島裕子訳『正義のフロンティア ― 障碍者・外国人・動物という境界を越えて』法政大学出版局）

小田兼三（2008）『社会福祉学原論 ― 視点・理論・ケア・実践の展開と課題』雄山閣

小笠原正（1985）「社会福祉の法」小笠原正・秋山薊二・武永親雄編『社会福祉の基礎体系 ― 視座の拡大とその展開』中央法規出版，53-66.

小川仁志（2012）『アメリカを動かす思想 ― プラグマティズム入門』講談社現代新書

小川政亮（1964）『権利としての社会保障』勁草書房

小川政亮（1982）「憲法と社会保障 ── 社会保障構造と憲法構造とのかかわり」沼田稲次郎編著
　　『現代法と社会保障 ── 社会的人権思想の展開』総合労働研究所

小川政亮（1989）『社会保障権 ── 歩みと現代的意義』自治体研究社

岡田耕一郎・岡田浩子（2007）『老人ホームをテストする』暮しの手帖社

岡田耕一郎・岡田浩子（2008）『だから職員が辞めていく ── 施設介護マネジメントの失敗に学
　　ぶ』環境新聞社

岡田藤太郎（1995）『社会福祉学一般理論の系譜 ── 英国のモデルに学ぶ』相川書房

岡村重夫（1974）『地域福祉論』光生館

岡野八代（2012）『フェミニズムの政治学 ── ケアの倫理をグローバル社会へ』みすず書房

岡崎祐司（2005）『現代福祉社会論 ── 人権、平和、生活からのアプローチ』高菅出版

奥田均（2013）『「人権の世間」をつくる』解放出版社

奥平康弘（1993）『憲法Ⅲ 憲法が保障する権利』有斐閣

小倉襄二（1996）『福祉の深層』法律文化社

沖倉智美（2006）「障害者福祉施設におけるスーパービジョンに関する考察 ──『反省的実践家』
　　としてのソーシャルワーカーを目指して」『大正大學研究紀要 人間學部・文學部』91，268-
　　94.

小野達也（2014）『対話的行為を基礎とした地域福祉の実践 ──「主体 ── 主体」関係をきずく』
　　ミネルヴァ書房

大賀祐樹（2007）「ローティの道徳論」早稲田大学大学院社会科学研究科『社学研論集』27，
　　27-39.

大賀祐樹（2015）『希望の思想 プラグマティズム入門』筑摩書房

大橋謙策（1987）「福祉教育の構造と歴史的展開」一番ヶ瀬康子・小川利夫・木谷宣弘ほか編
　　著『シリーズ福祉教育1：福祉教育の理論と展開』光生館，17-111.

大友信勝（2013）「今，なぜ社会福祉原論研究の学術書が必要か」大友信勝・永岡正己編著『社
　　会福祉原論の課題と展望』高菅出版，1-14.

大塚達夫（1998）『福祉の心と出会い ── 社会福祉実践のあゆみから』ミネルヴァ書房

Peirce, C. S., 1877, The Fixation of Belief, in *Collected Papers of Charles Sanders Peirce*,
　　vol.5, 1974, Paragraph 358-387.（パースの著作はタイトルのほかは著作集の巻数とパラグ
　　ラフで示すのが慣例となっているのでそれに従った）

Peirce, C. S., 1878a, How to Make Our Ideas Clear, in *Collected Papers of Charles
　　Sanders Peirce*, vol.5, 1974, Paragraph 388-410.

Peirce, C. S., 1878b, What Pragmatism Is, in *Collected Papers of Charles Sanders Peirce*,
　　vol.5, 1974, Paragraph 411-437.

Perlman, H. H., 1957, *Social Casework*, The University of Chicago Press

Perlman, H. H., 1976, Believing and Doing: Values in Social Work Education, *Social*

Casework 57 (6), 381-390.

Reamer, F. G., 1993, *The Philosophical Foundation of Social Work*, Columbia University Press

Reid, K. E., 1981, *From Character Building to Social Treatment: The History of the Use of Groups in Social Work*, Greenwood Press (=1992, 大利一雄訳『グループワークの歴史 — 人格形成から社会的処遇へ』勁草書房)

Rorty. R., 1982, Consequences of Pragmatism, University of Minnesota Press

Rorty. R., 1989, Contingency, irony, and solidarity, Cambridge University Press

Rorty. R., 1991, Objectivity, Relativism, and Truth: Philosophical papers volume 1, Cambridge University Press

Rorty. R., 1993, Human Rights, Rationality, and Sentimentality, Shute. S. and Hurley. S. eds., *On Human Rights: The Oxford Amnesty Lectures*, Basic Books, 112-134.

Rorty. R., 1999, *Philosophy and Social Hope*, Penguin Books

Rorty. R., 2005, *Take care of freedom and truth will take care of itself: interviews with Richard Rorty*, Eduardo Mendieta eds., Stanford Universty Press.

Rorty. R., 2007, *Philosophy as Cultural Politics*, Cambridge University Press (=2011, 富田恭彦・戸田剛文訳『文化政治としての哲学』岩波書店)

阪野貢（1993）「福祉文化のまちづくりと福祉教育」福祉文化研究2, 14-27

阪野貢（1998）「福祉教育とは」村上尚三郎・阪野貢・原田正樹編著『福祉教育論 —「共に生きる力」を育む教育実践の創造』北大路書房, 14-25.

真田是（1975）「社会福祉と社会運動」一番ヶ瀬康子・真田是編著『〔新版〕社会福祉論』有斐閣, 55-64.

真田是（1979）「序」真田是編『戦後日本社会福祉論争』法律文化社, 1-9.

真田是（1990）「『社会福祉とは何か』の今日的意義」総合社会福祉研究所『総合社会福祉研究』2, 2-12.

真田是（2003）『新版 社会福祉の今日と明日』かもがわ出版

佐々木允臣（1998）『自律の社会と人権 — 人権か野蛮か』文理閣

佐々木允臣（2016）『人権への視座 — フランスにおける「人権と政治」論争と日本の行方』文理閣

佐藤幸治（1995）『憲法〔第3版〕』青林書院

佐藤守（1995）『福祉コミュニティの社会学的研究』平成6年度科学研究費補助金（一般研究（A））文部省科学研究費補助金研究成果報告書

佐藤進（1978）「福祉のこころを求める社会的背景 — その社会的・時代的要請を探る」全国社会福祉協議会編『月刊福祉』61 (4), 4-29.

生協福祉研究会編（1989）『協同による地域福祉のニューパワー — 生協と福祉活動』ぎょうせ

い

成年後見センター（2015）「身上監護・事例編 愚行権ってなぁに？」民事法務協会編『民事法務』362, 13-16.

関家新助（2004）『西洋哲学思想と福祉 ― 人権思想を中心に』中央法規出版

関家新助（2011）『社会福祉の哲学 ― 人権思想を中心に』中央法規出版

関家新助（2014）『「生存権」と国家 ― 西洋国家思想に学ぶ』中央法規出版

Sen. A., 2004, Elements of a Theory of Human Rights, *Philosophy and Public Affairs*, Fall, (32) 4, 315-356.

嶋田啓一郎（1969）「社会福祉と人権の尊重 ― それをリップ・サービスに終わらせてはならぬ」鉄道弘済会『社会福祉研究』4, 63-68.（=2010, 秋元美世編著『リーディングス日本の社会福祉5：社会福祉の権利と思想』日本図書センター, 45-53.）

嶋田啓一郎（1989）「社会福祉における人権の思想」大塚達夫ほか『社会福祉実践の思想』ミネルヴァ書房, 2-30.

清水浩志郎・一関サチ子・一番ヶ瀬康子ほか（2000）「パネルディスカッション『地方における福祉のまちづくりの展開』― 多様なニーズを考慮した福祉のまちづくりの構想に向けて」日本福祉のまちづくり学会『福祉のまちづくり研究』2 (2), 7-17.

清水良衛（1995）「『福祉学』成立への期待 ― 福祉の心をその原点に求めて」『帝京平成大学紀要』7 (2), 15-21.

Schön. D. A., 1983, *The Reflective practitioner, How professionals think in action*, Basic Books（=2001, 佐藤学・秋田喜代美訳『専門家の知恵 ― 反省的実践家は行為しながら考える』ゆみる出版）

曽和信一（1999）『増補改訂 人権問題と多文化社会 ― 自立と共生の視点から』明石書店

杉原秦雄（1992）『人間の歴史を考える⑦：人権の歴史』岩波書店

Stark. R., 2015, IFSW campaigning for Human Rights and Ethical Principles in building sustainable social development: The Present and Future Tasks（=「持続性のある社会開発を構築する人権と倫理原則へのIFSWのキャンペーン ― 現在と今後の課題」）ソーシャルワーク研究所編『ソーシャルワーク研究』41 (2), 119-131.

高橋和之（2005）「現代人権論の基本構造」『ジュリスト』1288, 110-126.

高橋和之（2006）「国際人権論の基本構造」『国際人権』17, 51-56.

高橋和之（2011a）「人権論の論証構造 ― 『人権の正当化』論と『人権制限の正当化』論 (1)」『ジュリスト』1421, 52-59.

高橋和之（2011b）「人権論の論証構造 ― 『人権の正当化』論と『人権制限の正当化』論 (2)」『ジュリスト』1422, 108-118.

高橋和之（2011c）「人権論の論証構造 ― 『人権の正当化』論と『人権制限の正当化』論 (3)」『ジュリスト』1423, 68-80.

高橋涼子（2012）「当事者主体の理念」川池智子編著『社会福祉の新潮流① 新社会福祉論』学文社，227-235.

高橋徹（2012）「プラグマティズム思想の再評価と体育理論」日本体育学会体育哲学専門領域『体育哲学研究』43，17-27.

竹川俊夫（2016）「あらためて"地域福祉"を問い直す ― 草の根からの再構築の道」井岡勉・賀戸一郎・加藤博史ほか編著『地域福祉のオルタナティヴ ― 〈いのちの尊厳〉と〈草の根民主主義〉からの再構築』法律文化社，65-93.

竹井二三子（1988）『生協運動はなぜ広がったか ― 東京・下馬生協の実践』家の光協会

竹中勝男（1956）『社会福祉研究』関書院

竹内愛二（1953）『コンミュニティ・オーガニゼーションの技術』全国社会福祉協議会連合会

田中治和（1994）「社会福祉とは何か」岡村順一編『社会福祉原論』法律文化社，5-16.

田中直人（1996）『福祉のまちづくりデザイン ― 阪神大震災からの検証』学芸出版社

田中成明（1986）「日本の法文化の現況と課題 ― 権利主張と裁判利用をめぐって」『思想』774，1-32.

谷昌恒（1973）「社会福祉における人権の思想」『社会福祉研究』12，3-8.（=2010，秋元美世編著『リーディングス日本の社会福祉5：社会福祉の権利と思想』日本図書センター，76-85.）

谷川和昭（2007a）「社会福祉援助からみた福祉の心での支援」『関西福祉大学研究紀要』10，161-167.

谷川和昭（2007b）「福祉の心の構造化の試み」『メンタルヘルスの社会学：日本精神保健社会学会年報』13，50-57.

谷川和昭（2008）「福祉の担い手における福祉の心のポテンシャル」『関西福祉大学附置地域社会福祉政策研究所 平成20年度事業実施プロジェクト研究報告書⑥』29-36.

谷川和昭・趙敏廷（2011）「看護学生アンケートによる福祉の心の素描」『関西福祉大学社会福祉学部研究紀要』15（1），49-58.

田代国次郎（2012）『社会福祉学とは何か ― 現代社会福祉学批判』本の泉社

Toynbee. A., 1884, The Industrial Revolution, in *The industrial Revolution of Eighteenth Century in England" edited by Toynbee. C. M.*（=1953，原田三郎訳『イギリス産業革命史』創元社、なお原著の情報はこの訳書221頁の記述に従った）

Tocqueville. A., 1840, *De la démocratie en Amérique Ⅱ, Michel Lévy*（=2008，松本礼二訳『アメリカのデモクラシー：第二巻（上.）』岩波文庫）

戸塚法子（2005）「問題解決アプローチ」久保紘章・副田あけみ編著『ソーシャルワークの実践モデル ― 心理社会アプローチからナラティブまで』川島書店，33-52.

時岡新（1996）「『人権』研究のための基本的考察 ― 『人権』概念による差別問題研究をめざして」『年報筑波社会学』7，75-90.

徳永哲也（2005）「福祉哲学の輪郭」『長野大学紀要』27（1），45-54.

鶴見俊輔（1971）『〔新版〕アメリカ哲学』社会思想社

Turner. B. S., 2006, *Vulnerability and Human Rights*, Pennsylvania State University Press

植田清次（1949）『プラグマティズム』白揚社

植田清次（1961）『プラグマティズムの基礎的研究』早稲田大学出版部

植木豊編訳（2014）『プラグマティズム古典集成 ― パース、ジェイムズ、デューイ』作品社

植松健一（2013）「〈3・11〉後の憲法状況と人権論の態様」『法の科学』44，60-69.

上野谷加代子・炭谷茂（2015）「コミュニティ再生と福祉のこころ」「福祉のこころ ― 私たちはどこに向かうのか」全国社会福祉協議会編『月刊福祉』98（3），10-21.

上山春平（1996）『上山春平著作集第1巻 ― 哲学の方法』法藏館

宇野重規（2014）「プラグマティズム ― 習慣・経験・民主主義」宇野重規編『岩波講座 政治哲学3：近代の変容』177-199.

宇野重規（2013）『民主主義のつくり方』筑摩書房

魚津郁夫（1997）『プラグマティズムと現代』放送大学教育振興会

和田光一（2014）「社会福祉と子ども家庭福祉」和田光一編著『現代社会福祉と子ども家庭福祉』学文社，17-61.

Walzer. M., 2004, *Politics and Passion: Toward a More Egalitarian Liberalism*, Yale University Press（=2006，齋藤純一・谷澤正嗣・和田泰一訳『政治と情念 ― より平等なりベラリズムへ』風行社）

渡辺厳太郎（2000）「愚行権という権利」金融財政事情研究会『金融財政事情』51（33），35.

渡辺顕一郎（1992）「社会福祉関係法制」小田兼三・真田真治編著『社会福祉論 ― 全体像とその基礎知識』川島書店，33-39.

渡辺幹雄（1999）『リチャード・ローティ ― ポストモダンの魔術師』春秋社

渡辺治（2012）「3・11が投げかけた課題 ― 憲法で希む」森英樹・白藤博行・愛敬浩二編著『3・11と憲法』日本評論社，186-205.

山本克司（2009）『福祉に携わる人のための人権読本』法律文化社

山本一成（2013）「プラグマティズムから捉え直す保育実践研究 ― 現象学的記述と生態心理学的記述の保育実践における相補性を例として」『京都大学大学院教育学研究科紀要』59，305-317.

山崎将文（2014）「憲法学からみた糸賀一雄の現代的意義」糸賀一雄生誕100年記念事業実行委員会研究事業部会編『糸賀一雄生誕100年記念論文集 生きることが光になる』13-36.

山崎正一（1956）「プラグマティズム ― 実用主義」『現在哲学講座 第4巻：科学と哲学』河出書房，56-76.

横山穣（2002）「社会福祉哲学に関する一考察」『北星論集』39，1-10.

横山裕（2003）「日本の社会福祉思想研究の現状と課題 ― 中国思想の視座から」『九州保健福祉大学紀要』4，87-95.

吉崎祥司（2014）『「自己責任論」をのりこえる ― 連帯と『社会的責任』の哲学』学習の友社

全国社会福祉協議会編（1979）『在宅福祉サービスの戦略』全国社会福祉協議会

その他の資料

○辞典

京極高宣監修（1993）『現代福祉学レキシコン』雄山閣出版

京極高宣（2000）『社会福祉学小辞典』ミネルヴァ書房

日本地域福祉学会（1997）『地域福祉辞典』中央法規

日本精神保健福祉学会監修（2004）『精神保健福祉用語辞典』中央法規出版

○インターネットで閲覧可能な資料（最終アクセス 2020.6.1）

NHK 放送文化研究所「45 年で日本人はどう変わったか（1）～第 10 回「日本人の意識」調査から～」

　https://www.nhk.or.jp/bunken/research/yoron/pdf/20190501_7.pdf

The International Federation of Social Workers（IFSW）"Global Definition of Social Work" in July 2014

　http://ifsw.org/get-involved/global-definition-of-social-work/

○本書を構成する著者の初出論文

第 2 章　2、3、4、5

篠原拓也（2016）「『目的概念としての社会福祉』の再認識 ― プラグマティズムの立場から」関西社会福祉学会『関西社会福祉研究』2，15-26.

第 3 章　2、5、6

篠原拓也「社会福祉学における人権の特質と位置」日本社会福祉学会『社会福祉学』第 57 巻 4 号，1-13 頁

第 5 章　1

篠原拓也（2016）「福祉のこころ論を再考する ― プラグマティズムの立場から」大阪府立大学人間社会学部『社会問題研究』65，31-46.

■著者紹介

篠原　拓也（しのはら　たくや）

1987 年大阪市生まれ。大阪府立大学大学院人間社会学研究科社会福祉学専攻博士後期課程修了（社会福祉学博士）奈良教育大学特任講師を経て、現在、東日本国際大学准教授。専門は社会福祉原論、児童家庭福祉論。

社会福祉学における人権論

2020 年 8 月 10 日　初版第 1 刷発行

■著　　者──篠原拓也
■発 行 者──佐藤　守
■発 行 所──株式会社 大学教育出版
　　　　　　　〒 700-0953　岡山市南区西市 855-4
　　　　　　　電話（086）244-1268　FAX（086）246-0294
■印刷製本──モリモト印刷㈱

ISBN978 − 4 − 86692 − 092 − 4